GENTE DE LA CALLE

1

Guía didáctica

Neus Sans

Guía didáctica
Gente de la calle 1

Autora:
Neus Sans

Coordinación editorial y redacción:
Eduard Sancho

Revisión pedagógica:
Marisa González, Nuria Sánchez Quintana

Transcripciones:
Montse Martínez

Corrección:
Montse Belver

Diseño y maquetación:
Lula Alegre

ISBN: 84-89344-81-7
Depósito legal: B-24.217-2000

1ª edición - abril 2000
2ª edición - octubre 2000

Impreso en España por TESYS Industria Gráfica, S.A.
Este libro está impreso en papel ecológico

DIFUSIÓN

Centro de Investigación y Publicaciones de Idiomas, S.L.
C/ Trafalgar, 10 entlo. 1ª 08010 Barcelona Tel. 93 268 03 00 Fax 93 310 33 40
E-mail: editdif@intercom.es
http://www.difusion.com

EL VÍDEO EN LA CLASE DE IDIOMAS: VENTAJAS E INCONVENIENTES

Todo profesor de lengua extranjera es hoy en día consciente de las múltiples virtudes del vídeo como herramienta en el aula de idiomas. Es incuestionable que nos da la posibilidad de contextualizar al máximo cualquier situación de comunicación y que nos permite trabajar con muestras de lengua arropadas por los numerosísimos elementos no verbales y culturales indisociables de la comprensión íntegra de cualquier texto. El alumno, además, al enfrentarse con un documento en vídeo, moviliza su condición de espectador audiovisual experto; activa, en la comprensión de los documentos, las estrategias y conocimientos previos que tiene frente a un medio, el televisivo, cada vez más presente en su vida. Obvia es también la capacidad motivadora del material audiovisual y lejos está, afortunadamente, el viejo fantasma de que pudiera potenciar una actitud pasiva en los alumnos.

Sin embargo, muchos son los colegas que no hacen un uso frecuente del material en vídeo en su quehacer docente cotidiano. Sería complejo analizar las razones de la escasa tradición del uso del vídeo, especialmente pobre en la enseñanza de E/LE, pero habría que empezar, sin duda, por las puramente logísticas. No obstante, hay que reconocer que el poco uso se da incluso en centros con una infraestructura suficiente. Muchos profesores no dudan en reconocer una cierta "pereza" a integrar en sus clases una herramienta que, evidentemente, tiene un manejo más complejo que el material impreso, y de la que frecuentemente no se saca suficiente partido.

Respecto al material en vídeo utilizado, hemos constatado varias cuestiones. Muchos docentes optan por el uso de **documentos procedentes de los medios de comunicación**. En este caso, es evidente que:
- trabajar con un documento en vídeo, llamémosle "auténtico", es decir, no concebido para un uso pedagógico (publicidad, cine, TV...) exige al profesor un arduo trabajo de preparación (recogida y selección del material, transcripción de las locuciones y diseño de actividades),
- los materiales destinados al espectador nativo exceden frecuentemente en dimensiones y complejidad lingüística las necesidades del aula y el nivel de conocimientos de la mayoría de alumnos,
- en muchas ocasiones, los presupuestos culturales de los documentos destinados a nativos son desconocidos para los alumnos, lo que dificulta en gran medida la comprensión.

Por otra parte, el **material que se ha realizado con fines pedagógicos**, en muchas ocasiones, padece el lastre de ciertos errores de planteamiento en su concepción y objetivos. En primer lugar, los materiales de enseñanza en vídeo suelen tener unas características muy distintas de las producciones audiovisuales a las que está habituado el ciudadano. En muchos casos, los resultados son cinematográficamente mediocres, muy poco motivadores y poco creíbles para un espectador contemporáneo. En segundo lugar, en la producción del vídeo no suelen aprovecharse las características mismas del medio. La excesiva preocupación por utilizar el material para la práctica de aspectos formales desvirtúa las cualidades del propio texto audiovisual. Dicho de un modo sencillo: si el objetivo es simplemente la práctica de estructuras o la presentación de muestras de lengua ejemplificadoras de cuestiones gramaticales, hay herramientas mucho más fáciles y cómodas para el profesorado. Si acudimos al vídeo es porque nos ofrece posibilidades que otros soportes, como la grabación en audio o el documento impreso, no pueden facilitarnos.

GENTE DE LA CALLE: OBJETIVOS Y CARACTERÍSTICAS

De todas estas constataciones, y del convencimiento de que en el mundo de E/LE escaseaba el material que no cayera en la trampa de renunciar a su propia naturaleza y funcionalidad, nace el proyecto ***Gente de la calle***. Se necesitaba un material que siguiera siendo audiovisualmente "auténtico" aunque hubiera sido rodado con fines didácticos. Porque auténtico significa, si hablamos de medios de comunicación, que, tanto por el tema tratado como por la forma en que se aborda, es capaz de atraer el interés del alumno-espectador, de despertar en él sus ganas de comprender (lo lingüístico y la nueva realidad cultural que vehicula y que lo contextualiza). Y porque auténtico significa también que está concebido para informar, o divertir... . (¿Quién no ha seguido con atención e interés, y haciendo miles de hipótesis para comprender al máximo, una emisión de TV en una lengua desconocida?).

Estábamos convencidos de que atendiendo a las características del medio en la producción de vídeos didácticos, marcándonos como objetivo principal en interesar al alumno, sí merecía la pena llevar vídeos al aula. Y por ello, en ***Gente de la calle*** se han intentado respetar siempre las características de los diferentes estilos y géneros de las producciones televisivas (reportajes, encuestas, series, "docudramas",...) y se han buscado, ante todo, temas interesantes y motivadores. Estábamos también convencidos de que eso no era incompatible con la elaboración de un material medido, asequible, desde el punto de la dificultad lingüística y cultural.

CÓMO SE HA REALIZADO *GENTE DE LA CALLE*

La experiencia nos demostró que, efectivamente, el reto era asumible: las cámaras, en la calle, grabando locuciones espontáneas en escenarios reales, liberadas del corsé impuesto por el miedo a la dificultad, y de las restricciones propias de otros soportes, nos proporcionaron un material riquísimo desde el punto de vista lingüístico y cultural. Teníamos en las manos un material de una frescura y autenticidad rara en materiales de enseñanza de idiomas; un material que permitiría acercar al estudiante de E/LE a muchos aspectos de la vida cotidiana de los españoles y ofrecer al profesor una base tanto para trabajar desde una perspectiva intercultural como para reforzar la práctica lingüística.

Posteriormente se realizó la selección y el montaje, con ciertos criterios didácticos: procurar que la imagen siempre facilitara la comprensión, esto es, que hubiera un gran nivel de redundancia entre la imagen y la lengua, incluir textos sobreimpresos de refuerzo, agrupar temáticamente las diferentes intervenciones, y considerar el nivel de dificultad lingüístico en la selección de locuciones, eligiendo las más representativas lingüística y culturalmente, etc.

Con todo ello, hemos querido producir un material que, aunque hubiera sido rodado para la clase de E/LE y fuera utilizable desde un nivel de principiantes, no perdiera el formato de emisión de TV y las virtudes que éste tiene como material de aprendizaje lingüístico e intercultural.

LA GUÍA

Otro de los objetivos consistía en facilitar al máximo la tarea del profesor que quiere trabajar con vídeo y para ello proporcionarle todo el material necesario. Por esta razón se han realizado las guías que acompañan los vídeos.

En este material para el profesor se incluyen diferentes apartados:

1. TRANSCRIPCIÓN DE LAS LOCUCIONES Y OBSERVACIONES
- Transcripción completa de las locuciones.
- Notas explicativas de tipo cultural y sociolingüístico que pueda precisar el profesor (especialmente el no nativo) sobre las imágenes, los temas tratados o la lengua usada por los entrevistados.

2. ACTIVIDADES
- Una serie de propuestas de trabajo para la utilización del vídeo. A continuación incluimos la lista completa de las propuestas didácticas aplicables a cualquier programa, pero, además, en cada capítulo, se señalan las más adecuadas y se adaptan a las necesidades concretas del programa o fragmento con el que se está trabajando.

ANTES DE VERLO
En cada capítulo de esta guía se sugieren actividades para preparar el visionado de los programas, con finalidades distintas:
- actividades para recuperar conocimientos previos sobre el tema y, de este modo, preparar la comprensión de las locuciones,
- propuestas destinadas a hacer aflorar posibles visiones estereotipadas de los alumnos que obstaculicen el acercamiento a la nueva realidad social que se les presenta en los vídeos,
- actividades cuyo fin es el reconocimiento de las pautas que rigen la propia cultura, como estrategia indispensable para un acercamiento no valorativo a la nueva realidad cultural,

- sugerencias cuyo objetivo es simplemente motivar a los alumnos y suscitar el interés y la curiosidad por el tema del programa con el que se va a trabajar.

UNA IMAGEN, MÁS QUE MIL PALABRAS

Congelando una imagen, se plantean diversas tareas de reflexión intercultural. En algunas ocasiones, se preparará el visionado con esta técnica, a modo de calentamiento, con el fin de recuperar conocimientos previos y tomar conciencia de la propia visión de partida sobre el tema, siempre con el objetivo de estimular en el alumno estrategias de observación de una realidad distinta.

Desde el punto de vista de la práctica lingüística, también puede usarse este tipo de actividades para un trabajo de fijación de vocabulario.

¿CÓMO LO INTERPRETAS?

Tras el visionado, los alumnos elaboran un resumen de lo que han visto. En una puesta en común plenaria, se contrastarán las diferentes interpretaciones, con lo que se enfrentarán diversas percepciones de una misma realidad.

YO NO LO SABÍA

Con una finalidad eminentemente autoevaluativa e intercultural, se les pide a los alumnos que elaboren una lista de aquellos aspectos que han descubierto a partir de un determinado programa, que les han sorprendido o que han transformado su visión de un determinado tema.

IGUAL Y DIFERENTE

También en la línea de desarrollo de la conciencia intercultural, se pide a los alumnos que comparen, por medio de diversas técnicas que se detallan en cada capítulo de la guía, su cultura de origen y la española, con el fin de estimular una comparación no valorativa, y un contraste que considere cada aspecto cultural como un elemento que juega su papel en un sistema de valores y hábitos colectivos.

DOBLAJE Y SUBTITULADO

Los alumnos escriben en grupos un texto posible para subtitular o doblar unos fragmentos determinados del programa. Esto puede realizarse habiendo visionado sin sonido el programa (e imaginan qué pueden estar diciendo) o con sonido (reconstruyen los que han oído en un primer visionado completo).

Otra posibilidad es entregar a los alumnos una transcripción incompleta de la banda sonora. Los alumnos deben completarla tras uno o varios visionados, según el grado de dificultad del documento y de la tarea propuesta.

¿DÓNDE ESTÁ EDU?

Los alumnos durante el visionado tratarán de localizar a Edu, un curioso personaje con una camiseta a rayas blancas y rojas que se "ha colado" en la mayoría de programas. En una puesta en común se discute dónde ha aparecido y qué estaba haciendo.

NO ES VERDAD
Los alumnos deben contrastar lo que han visto y oído en el programa con informaciones que se les proporcionan y descartar las falsas.

LA MÍA
Cada alumno o grupo de alumnos recibe una ficha con la descripción de una secuencia que forma parte de un documento más largo o que se visionará entre otras secuencias. El alumno o grupo de alumnos deben identificarla cuando aparezca en la pantalla.

LA LISTA
Planteado como juego-concurso entre equipos de alumnos, se les pide que elaboren una lista de objetos o personajes que aparecen o que se mencionan en alguna secuencia o en un programa entero. Gana el equipo o el alumno que haya confeccionado la lista más larga.

3. PARA FOTOCOPIAR
También se incluyen propuestas de actividades para fotocopiar y distribuir entre los alumnos. Algunas de ellas son concreciones de modelos de actividades propuestas en la parte de la guía destinada al profesor.

Neus Sans Baulenas

GENTE DE LA CALLE

¿POR QUÉ ESTUDIAN ESPAÑOL?

En este programa acompañamos a tres estudiantes desde su casa hasta la Universidad Antonio de Nebrija (Madrid). Allí, Mar, una de las profesoras de español/LE nos explica quiénes son sus alumnos y cuáles son las motivaciones que les empujan a estudiar español en Madrid. Visitamos una de sus clases y, al hilo de sus explicaciones, entrevistamos a alumnos de procedencias variadas que participan en los cursos de verano, y que nos explican, de forma muy breve, quiénes son, de dónde son y por qué estudian español.

▶ **DURACIÓN: 6´ 47´´**

▶ **TEMAS CULTURALES:**
- imágenes de una universidad privada española y del ambiente que reina en los cursos de español: tipo de relación entre profesor y alumnos, aspecto físico de aulas y campus, tipo de alumnos, etc.

Puede hacer observar también a sus alumnos...
- la costumbre de desayunar fuera de casa: un típico bar de barrio,
- algunas calles de Madrid y el metro,
- el creciente interés por el estudio del español en el mundo.

▶ **COMUNICACIÓN:**
- nombre y nacionalidad,
- razones por las que se lleva a cabo una actividad,
- describir un colectivo de personas.

¿POR QUÉ ESTUDIAN ESPAÑOL?

➡ *Las tres estudiantes que acompañamos en su viaje matinal hasta la Universidad asisten a un curso de verano de lengua y cultura españolas organizado por la Universidad Antonio de Nebrija. Se trata de una estudiante suiza, una polaca y una brasileña.*

BUENOS DÍAS

➡ *Durante su estancia en Madrid, las chicas viven en un edificio característico del madrileño barrio de Salamanca. Se trata de una parte de Madrid donde hay oficinas y viviendas de gente acomodada.*
Se observa la poca gente que hay en el metro. Estamos a finales de julio y muchos madrileños han abandonado ya la ciudad. Téngase en cuenta que una inmensa mayoría de los españoles toman las vacaciones de verano en agosto.

(En el bar)

- Hola.
- Hola.
- Vamos a tomar café con leche, café con leche en vaso.
- Café con leche en vaso. Tres cafés con leche.
- Yo también un café con leche, en vaso.
- En vaso.
- Más leche.
- Sí.
- Yo no tomo café normalmente.
- Ah, ¿que no tomas café?
- No estoy acostumbrada a tomar café.

➡ *Puede ser interesante hacer observar a los alumnos que muchos españoles tienen por costumbre tomar un primer desayuno en un bar próximo a su casa, antes de dirigirse al trabajo. Suele tratarse de un desayuno compuesto por un café, o café con leche, y algún bollo (un croissant, un brioche, churros...) o una tostada. Otros españoles toman en casa ese primer desayuno. A media mañana, o cuando ya se ha trabajado un cierto tiempo, es habitual salir del trabajo para tomar un segundo desayuno más consistente, que incluye muchas veces algo salado (bocadillo, montadito, un pincho de tortilla, etc.). Es el caso de uno de nuestros cámaras, que aparece tomando un "pincho de tortilla". El bar que visitamos es representativo de los pequeños bares de barrio que ofrecen servicio de comidas todo el día, empezando por el desayuno. Puede ser interesante fijar la atención en la decoración, en los productos que se ofrecen, etc.*

(En el metro)

MAR, PROFESORA DE ESPAÑOL

- Hola, me llamo Mar, soy profesora en la **Universidad Antonio de Nebrija**, en el Centro de Estudios Hispánicos, y aquí doy clases de español, de lengua, cultura y conversación a estudiantes procedentes de nacionalidades muy diferentes.

➡ *La* ***Universidad Antonio de Nebrija*** *es una universidad privada e independiente, creada en 1985, especializada en programas para estudiantes de español y para la formación del profesorado de E/LE. Tiene dos campus, uno en el centro de Madrid (el que vemos en el programa), y otro, La Berzosa, en Hoyo de Manzanares, a 33 kilómetros de la capital.*

(La llegada a la Universidad)

- Hola...

(En clase)

- Hola, buenos días.
- Hola.

➡ *Se trata de una clase, un lunes. Mar saluda a sus estudiantes y realiza una pequeña actividad de precalentamiento preguntando a sus alumnas por el fin de semana (página siguiente). Puede resultar interesante ver si los alumnos perciben diferencias en el tono y la actitud de la profesora, con respecto de los docentes de sus países o en relación con experiencias que*

- ¿Qué tal?
- Muy bien.
- Sí, **¿qué tal el fin de semana?**
- Bien.
- ¿Todos bien? ¿Qué hiciste este fin de semana?
- Fui a **Toledo**.
- ¿A Toledo? ¿Te ha gustado?
- Sí.
- ¿Y Agatha?
- Pues, yo he ido con mis amigos a **Segovia**, un poco al Norte, lo que es la **Comunidad de Madrid** y muy bien.
- También te ha gustado.
- Con mucho **calor**, pero bueno, así es el verano en Madrid.

(...)

- ¿Verdad que sí, Juliana, que tenemos energía?
- Sí, sí, claro.
- Tenemos energía, aquí igual que en Brasil, siempre con ritmo, ¿no?, siempre con música en la vida. **Bueno, si recordáis, la semana pasada, yo os había dado unos artículos de fondo para...**

han tenido como alumnos. En este sentido, deberán observar que el tratamiento es el tuteo (lo más habitual actualmente en España en este tipo de contexto), la disposición del aula, la postura corporal de la profesora, etc., y realizar comparaciones con sus expectativas y sus experiencias previas de contextos similares.

➡ ***Toledo** y **Segovia** son dos ciudades monumentales cercanas a Madrid.*

➡ *España está organizada administrativa y políticamente en comunidades autónomas. La **Comunidad de Madrid** es una de ellas.*

➡ *En el mes de julio, época en la que se realiza este curso, en el centro de España suele hacer mucho **calor**. El día de la filmación de este programa fue especialmente caluroso.*

➡ *Es conveniente que en esta parte los estudiantes no pretendan entender más que el hecho de que Mar, tras el calentamiento, empieza la clase.*

ME LLAMO ROBSON Y ESTUDIO ESPAÑOL PARA...

- Normalmente, los estudiantes que vienen a mis clases son estudiantes de diferentes nacionalidades. Tenemos estudiantes norteamericanos, tenemos estudiantes africanos, asiáticos, europeos..., una gran variedad de estudiantes que, la verdad, aportan mucha riqueza cultural en las clases, sobre todo por el entusiasmo que traen.

- Generalmente, tienen motivaciones diferentes para estudiar español; algunas veces son estudiantes que estudian la lengua española porque es un requisito de su Universidad, para poder licenciarse o graduarse...

- Hola, me llamo Agatha, soy polaca, estudio español para luego estudiar Filología Hispánica y, en el futuro, pues,

➡ *Puede ser un buen momento para comentar con sus estudiantes el enorme crecimiento que está experimentando el español en todo el mundo.*

dedicarme a extender la cultura y la lengua española en mi país.

- Hola, me llamo Mitchell, soy americano. Yo estudio español porque es necesario para mis estudios.

➡ *El español en EEUU representa la segunda lengua, tras el inglés, y se estima que unos 30 millones de personas son hablantes de español.*

- En otras ocasiones, pues, son estudiantes de negocios que, por cuestiones profesionales, quieren aprender un segundo idioma, en este caso el español.

- Me llamo Robson, soy brasileño, yo estudio español para mi trabajo.

➡ *Actualmente, el español es la segunda lengua extranjera que se estudia en las escuelas de Brasil.*

- Hola, me llamo Ariel, soy americana y estoy estudiando español para encontrar un buen trabajo.

- Hola, me llamo Ai, soy japonesa, yo estudio español para mi trabajo.

- Y, normalmente, cuando aprenden español también es porque son estudiantes procedentes de países que tienen una conexión o que están viviendo cerca de la cultura latinoamericana, como es el caso de los norteamericanos. Algunos otros estudiantes estudian español, pues, porque les interesa aprender otro idioma. Son estudiantes con facilidad o talento para aprender varios idiomas.

- Hola, me llamo Christian Tano, soy de Nueva York, mira, y estudio español porque me encanta el idioma, la literatura y especialmente las mujeres y quisiera trabajar en el mundo de las estrellas y representar a músicos latinos.

- Hola, me llamo Juliana, soy brasileña y estudio español porque me encanta y porque quiero vivir en España unos tres años o más.

- Hola, me llamo Gloria, soy americana. Estudio español porque quiero aprenderlo.

- Hola, me llamo Laura, soy canadiense y estoy estudiando aquí en Madrid porque a mí me gusta mucho la lengua y la cultura españolas.

- Hola, me llamo John y soy americano, y estoy estudiando español porque a mí me encanta la literatura española.

- Adiós.

- Hasta luego.

ANTES DE VERLO

❶ Antes del visionado del programa, puede proponer una "lluvia de ideas" sobre las razones para estudiar un idioma extranjero o, en concreto, para estudiar español. Se irán anotando las propuestas en la pizarra o en una transparencia.

❷ Con alumnos de nivel inicial, y si trabaja usted con un grupo con lengua vehicular, puede hacerles explicar cuáles son los conocimientos o las imágenes previas de las que disponen sobre el tema antes del visionado, que pueden ser contradictorias con las informaciones que van a recibir. Con alumnos de nivel intermedio, podrá hacer este trabajo de introspección sobre sus expectativas, ya en español. En ambos casos, oriente esta reflexión proponiéndoles la situación imaginaria siguiente:

Os habéis matriculado en un curso de verano en una universidad de Madrid:
¿Cómo te imaginas que va a ser todo?
¿Cómo te imaginas una universidad española?
¿Cómo es para ti el típico profesor de idiomas?
¿Crees que va a ser así tu profesor o profesora en Madrid?
¿De dónde crees que van a ser tus compañeros?
¿Qué crees que se utiliza en clase, tú o usted?
¿Crees que tendrás un profesor o una profesora?
¿De qué edad?
¿Te lo imaginas serio/a o simpático/a? ¿Habla mucho? ¿Se sienta en clase?

❸ Tras el visionado, resultará interesante comentar si sus expectativas se han visto confirmadas o no, y de qué modo.

UNA IMAGEN, MÁS QUE MIL PALABRAS

En este programa puede ser interesante trabajar con una imagen fija del bar y, a partir de la misma, tratar de hacer descubrir a los alumnos los aspectos culturales comentados en la transcripción.
También una imagen fija de la clase de Mar puede dar pie a un trabajo de comparación.

IGUAL Y DIFERENTE

Sería interesante, si en el grupo se dispone de una lengua vehicular o si el nivel lo permite, que los alumnos comparen la imagen que tienen de la Universidad con la que ofrece la Universidad Antonio de Nebrija y sus cursos de verano, analizando similitudes y diferencias.

DOBLAJE Y SUBTITULADO

Los alumnos pueden tratar de imaginar lo que dicen los estudiantes cuando hablan de sus motivaciones, de su origen, etc.

1 **¿Recuerdas los nombres de algunos de los estudiantes que aparecen en el programa? ¿Y su nacionalidad? Compara tus respuestas con las de varios compañeros para completar estas fichas.**

Nombre ____________________

Nacionalidad ____________________

Nombre ____________________

Nacionalidad ____________________

Nombre ____________________

Nacionalidad ____________________

Nombre ____________________

Nacionalidad ____________________

Nombre ____________________

Nacionalidad ____________________

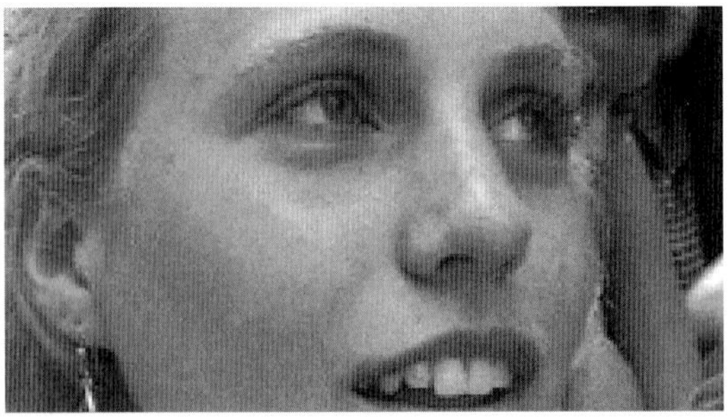

Nombre ____________________

Nacionalidad ____________________

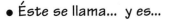

- Éste se llama... y es...
- Ésta se llama... y es...

2 ¿Cuáles de estos motivos tienen los estudiantes para estudiar español? Señala los que se mencionan en el vídeo.

- ☐ Estudian la lengua española porque es un requisito de su Universidad, para poder licenciarse o graduarse...
- ☐ Son estudiantes de negocios que, por cuestiones profesionales, quieren aprender un segundo idioma.
- ☐ Estoy estudiando español para encontrar un buen trabajo.
- ☐ Estudio español porque tengo amigos españoles.
- ☐ Es necesario para mis estudios.
- ☐ Estudio español para mi trabajo.
- ☐ Estudio español para ser traductor.
- ☐ Estoy estudiando aquí en Madrid porque a mí me gusta mucho la lengua y la cultura españolas.
- ☐ Estoy estudiando español porque a mí me encanta la literatura española.
- ☐ Estudio español porque me encanta el idioma, la literatura y especialmente las mujeres y quisiera trabajar en el mundo de las estrellas y representar a músicos latinos.
- ☐ Estudio español porque me encanta y porque quiero vivir en España unos tres años o más.

3 ¿Y tú? ¿Por qué estudias español? Pon cruces al lado de los motivos que compartes con los estudiantes de la Universidad Antonio de Nebrija o escribe tus propios motivos.

Estudio español para ____

Estudio español porque me interesa ______________________________________

4 Ahora volvemos a ver la parte del vídeo donde los estudiantes explican sus motivaciones. ¿Quién dice cada cosa? Utiliza estas estructuras.

... lo dice ...

la profesora
Christian/Mar/...
un/a estudiante + nacionalidad
el/la estudiante + nacionalidad

SALIDAS Y LLEGADAS

A finales de julio, el Aeropuerto de Madrid-Barajas está abarrotado de pasajeros, españoles y extranjeros, que se van o vuelven de vacaciones. Una serie de personas de procedencias y edades diferentes responden a nuestras preguntas sobre sus preferencias y sus costumbres a la hora de viajar. También nos hablan de las vacaciones que empiezan o de los lugares de los que regresan.

▶ **DURACIÓN: 13´**

▶ **TEMAS CULTURALES:**
- información sobre los hábitos de españoles que viajan en vacaciones (cuáles son los destinos más frecuentes en sus desplazamientos al extranjero y las razones de la elección de ciertos tipos de viajes),
- un día de verano en el Aeropuerto de Madrid-Barajas.

Puede hacer observar también a sus alumnos...
- el importante papel de la familia en la programación de las vacaciones,
- la intensidad de las relaciones España-Latinoamérica.

▶ **COMUNICACIÓN:**
- informar sobre el destino y la duración de un viaje,
- valorar experiencias pasadas,
- expresar gustos y preferencias,
- expresar planes futuros,
- describir rutas,
- expresar finalidad,
- nombres de lugares,
- rótulos frecuentes en lugares públicos y señalización en aeropuertos.

SALIDAS Y LLEGADAS

➡ *Es habitual encontrar en los grandes aeropuertos españoles inmensas colas de taxis esperando pasajeros. La utilización del taxi está más generalizada en España que en otros países de su entorno por no ser tan caros y por estar menos desarrollada la red de transporte público. En Madrid, y en la mayoría de ciudades españolas, los taxis son blancos, pero no es así en otros lugares (en Barcelona, por ejemplo, son amarillos y negros).*

Aeropuerto de Madrid-Barajas, 30 de julio

¿A DÓNDE VAN?

(megafonía)
Último aviso a los señores pasajeros del vuelo Iberia 5878 con destino Fuerteventura.

➡ *La inmensa mayoría de los españoles toma sus vacaciones de verano en el mes de agosto. El* ***30 de julio*** *coincide, pues, con el momento más intenso de salidas de la capital. En España no es infrecuente, o no es tan raro como en otros países de su entorno, que muchas familias se queden en casa durante las vacaciones de verano. Una gran mayoría, sin embargo, elige la costa y permanece en España. El concepto "vacaciones de verano" va íntimamente ligado a la idea de "playa". Por otra parte, una minoría viaja al extranjero, costumbre que está extendiéndose notablemente. El turismo interior y el de montaña también ganan adeptos progresivamente.*

➡ *Para el visionado de este programa, y para una buena comprensión de la información que contiene, se deberá tener en cuenta que la mayor parte de las entrevistas se realizaron en la Terminal Internacional de Barajas. Los alumnos podrían sacar la conclusión falsa de que los españoles viajan mucho al extranjero y ello no sería exacto. Convendrá, pues, advertirles en algún momento en este sentido y contrastar el programa con el texto informativo reproducido en el ejercicio 4 del apartado PARA FOTOCOPIAR (pág. 29).*

- Bueno, pues vamos... vamos a **Estados Unidos** de viaje, todos, eh... al estado de Vermont, ¿no?

➡ *Ha crecido mucho en los últimos años el número de adolescentes y jóvenes que van a perfeccionar sus conocimientos de inglés a* ***Estados Unidos****, a Gran Bretaña o a Irlanda. En realidad, estas estancias son muy recomendables para los que piensan cursar estudios universitarios o los están cursando.*

- Eh... Somos un grupo de estudiantes de la **Universidad de Navarra** y vamos a un proyecto de cooperación internacional, eh... a San Vicente de Cañete, en Perú.

➡ *La* ***Universidad de Navarra*** *es una universidad privada religiosa, vinculada al Opus Dei (organización católica que se creó en España y que se ha implantado en muchos países).*
➡ *La colaboración de jóvenes con las llamadas ONG (Organizaciones no gubernamentales), es decir, el voluntariado de carácter humanitario, se ha extendido notablemente en los últimos años en España. Algunos, como este grupo, utilizan sus vacaciones para realizar tareas de cooperación internacional.*

- Sí, vamos de vacaciones a **Túnez**, (...) ocho días (...) porque nos gusta ir a ver civilizaciones diferentes y países que no sean lo mismo que estamos viendo todos los días en el nuestro.

➡ ***Túnez*** *y Marruecos se han convertido, en los últimos años, en destinos habituales de los españoles para sus vacaciones.*

- Nos lo hemos planteado **en plan** segundo viaje de novios.

➡ ***En plan*** *equivale, en lenguaje coloquial, a "como si fuera".*

- Vamos a Edimburgo... Somos estudiantes y vamos a trabajar, y para aprender inglés.

➡ *Muchos jóvenes españoles, como en otros países, se financian sus viajes de estudios realizando tareas de "canguro" ("au pair") u otros trabajos temporales.*

- Venimos de Argentina, de Córdoba, Argentina, y vamos hacia, ahora Madrid, paramos en Madrid, después a Portugal, vamos a estar en Lisboa unos días y después volvemos a Madrid, y después vamos a Viena, en avión, y, bueno, después hacemos una recorrida por Viena, un poco Alemania, si podemos llegamos a Praga, después a Budapest, bueno... y si tenemos tiempo, vamos a París. Después regresamos ya a Córdoba. (...) Sí, un viaje bastante largo.

➡ *Los entrevistados son argentinos. En los últimos años ha aumentado notablemente el número de latinoamericanos que visitan España en calidad de turistas. En realidad, durante todo el programa se puede observar la enorme vinculación que existe entre España y los países latinoamericanos: latinoamericanos que viven en España, españoles que han emigrado a Latinoamérica, turismo en ambas direcciones, etc.*

- Vamos a Santo Domingo.

- No vamos de vacaciones, vamos de viaje de novios. De verdad, de verdad, sí. (...) A Santo Domingo.

- Pensamos hacer un viaje tranquilo, sólo de playa, no queríamos hacer mucho turismo y entonces por eso hemos escogido Santo Domingo.

- Bueno, pues, yo voy a Inglaterra, a Londres, a casa de una amiga mía... porque estuve trabajando... estuve estudiando allí cuando era pequeña y desde entonces somos muy amigas y entonces... siempre estamos en contacto y me encanta viajar y me encanta Inglaterra, es un país que me encanta y por eso voy.

- Nos vamos a **Dublín**. Hemos elegido Dublín porque tenemos un amigo que está estudiando allí y nos ha conseguido trabajo.

➡ *Irlanda, en especial* ***Dublín****, es uno de los lugares que más visitan los jóvenes españoles para perfeccionar el inglés.*

- Bueno, soy cubana, resido aquí en España y, ahora, bueno, me voy de vacaciones a Suecia (...) porque ahí se encuentran mi madre y mi hermana. Y voy a verlos, a estar un mes con ellos y, nada, a pasármelo bien allá.

- Pues, me voy a Colombia, **que mi novia es de allí** y vamos a ver qué hay por allí.

➡ ***Que mi novia es de allí*** *es una construcción no aceptada por la norma, pero de uso frecuentísimo en la lengua oral coloquial.*

- Que... me voy de vacaciones pasado mañana. Me voy a **Asturias** porque estoy con estos primos argentinos a los cuales hemos recibido al son de la **gaita** hace un momento. Y nos vamos a Asturias pasado mañana porque somos de allí, ellos son **oriundos de allí** y realmente **no hay sitio más maravilloso en el mundo que Asturias, eso está claro.**

➡ ***Asturias****, situada en el norte de la Península, es una región de la que han emigrado a lo largo de los siglos muchas personas. Fue especialmente importante la emigración hacia el Cono Sur a finales del siglo XIX y a principios del XX.*

➡ *La* ***gaita*** *es el instrumento musical más típico de Asturias, y de Galicia.*

➡ *Ser un entusiasta defensor del lugar de origen es un valor casi obligado en la cultura española. Muchos españoles no dudarían en afirmar, no sin cierta ironía, que su lugar de origen es "el mejor sitio del mundo". Nuestro entrevistado mantiene esta irónica ambigüedad.*

- Estoy casada, vivo en París y vengo a pasar unos días con mi familia a España. (...) Bueno, vamos a Extremadura, **que se casa una hermana**, y estamos aquí... yo estoy aquí una semana sólo.

➡ *La entrevistada habla español con lo que se identificaría como un acento "pijo", es decir, característico de los jóvenes de clase acomodada.*

➡ ***Que se casa una hermana*** *es una construcción no aceptada por la norma, ya comentada.*

¿DE DÓNDE VIENEN?

- Ahora mismo, de Bélgica. Es que fue en **Brujas** el Campeonato de Europa de mediamaratón y bueno, pues como veréis, lo gané. Lo gané, sí.

➡ ***Brujas*** *es Bruege, ciudad belga.*

- Somos Carlos, Roberto y Juan Miguel y venimos de **Benalmádena**, de las vacaciones. Acabamos de llegar, estamos muy cansados, estamos reventados de las vacaciones... y nada, lo hemos pasado muy bien, hemos estado de vacaciones, mucha playa, mucho sol, mucha fiesta, poco dormir, y muy tristes de que nos toca venir, pero bueno, tenemos que volver a trabajar y todas esas cosas.

➡ ***Benalmádena*** *es una población turística situada en Andalucía, en la provincia de Málaga.*

- He estado en **Londres**, en la ciudad, en Hammersmith. He estado con unas amigas. He estado seis días, pues ahí, viendo todo tipo de cosas: el metro, el bus...

➡ ***Londres*** *es otro de los destinos preferidos de los jóvenes españoles, sobre todo por su carácter cosmopolita.*

- Bueno, venimos de Londres. Nosotros dos vivimos en Londres y hace dos días que nos hemos casado, y ellos son mi familia...

- Nosotros somos invitados.

- ... que han venido todos para la boda. Y ahora nosotros hemos venido aquí, pues, para pasar la luna de miel. Vamos a Valencia y vamos a estar tres semanas.

¿QUÉ TAL EL VIAJE?

- Muy bien, la zona de... lo que es Asturias, o sea, **el paraíso natural**, en este caso, verde, bello, muy bello, las zonas de **Gijón**, conocí Gijón, **Avilés** y **Oviedo**, y fue maravilloso, realmente.

➡ *La entrevistada es cubana.*
➡ *"**El paraíso natural**" es el eslogan que usan las campañas de promoción de esta comunidad autónoma.*
➡ ***Gijón**, **Avilés** y **Oviedo** son las principales ciudades del Principado de Asturias.*

- Pues nada, hemos estado trece días en el Hotel Baley, en Benalmádena, y se ha estado bien allí, había mucha gente, muchos ingleses y vaya... se puede estar ahí más días de vacaciones.

- La única parte **chunga** de las vacaciones es que hemos adelgazado cada uno cinco kilos y que dentro de dos días empezamos a trabajar.

➡ ***Chungo/a** es una palabra coloquial muy usada por los jóvenes. Significa "malo/a" o "de poca calidad".*

- Se ha estado bien. Y yo qué se qué más. La gente es muy amable... **la comida es muy mala**, ¿eh? Hay que decirlo todo, que la comida es muy mala. Lo demás está todo muy bien.

➡ *Muchos españoles conceden gran importancia a **la comida**. Nótese la gran relación que existe siempre entre actos sociales y comidas. Puede afirmarse también el gran apego que sienten muchos por las costumbres alimentarias propias, a pesar de la entrada masiva en las últimas décadas de hábitos importados (pizza, comida rápida, comida oriental, etc.).*

¿VIAJAN MUCHO?

- Bueno, yo ya es el tercer año que voy a Estados Unidos y los dos años primeros me lo he pasado bastante bien.

➡ *Algunos de los adolescentes entrevistados tienen acento catalán, como éste.*

- Bueno, pues... pues, normalmente solemos viajar todos los veranos así al extranjero. Yo es la primera vez que voy a Estados Unidos, pero bueno, he ido a Inglaterra y a sitios de ésos. Nada, pues, siempre ha estado muy bien.

- Yo he ido varias veces a Estados Unidos y **vamos a familias**, vamos a estar en familias y por un mes más o menos.

➡ ***Vamos a familias** significa que van a alojarse en casa de familias americanas.*

- Viajamos una vez al año. Puede ser en verano o algún otro periodo de vacaciones. (...) Habitualmente con amigos. Esta vez no.

- Pues en Cuba, en Japón, en Tailandia, en Praga, en Checoslovaquia, en Moscú... Hemos viajado un poquito.

➡ *No es muy frecuente encontrar en España familias que viajen tanto como ésta. Sólo sucede en grupos sociales acomodados, jóvenes o de mediana edad.*

- Sí, muchas veces. Pues, a Santo Domingo, a Tenerife, a Panamá, a Costa Rica; esos sitios.

- Ésta es la primera vez que vamos al extranjero, pero... bueno no, él no, él ha ido más veces, pero yo es la primera vez que viajo, de todas formas, bueno, que viajo sin mi madre, quiero decir, porque he hecho viajes, pero siempre con mi madre y tal, y es la primera vez que me voy sin mi familia.

➡ *Puede afirmarse que, en general, los jóvenes españoles viajan menos que los de otros países del entorno europeo. Suelen empezar a viajar por su cuenta, sin la familia, más tarde. En todo el programa aparecen señales de lo fuerte que es en la cultura española la unidad familiar. Muchos de los viajes de vacaciones se organizan con la familia o para reunirse con la familia.*

- Nos encanta viajar. Es la segunda vez que tenemos la oportunidad de viajar...

➡ *Los entrevistados son argentinos.*

- De viajar lejos...

- ... es muy lejos para nosotros venir acá.

- Todos los años nos hacemos una venida a Eu-ropa o Estados Unidos o a algún otro punto. Hace dos años hemos estado en China, Vietnam, Singapur, Tailandia, nos gusta. Yo creo que es el dinero mejor invertido.

➡ *La entrevistada tiene acento de Córdoba (Argentina).*

- Ah, sí, bueno, lo que se puede porque son caros, pero sí, vamos, siempre que puedo me voy, pero vamos... y no sé... (...) Pues, el año pasado estuvimos en Tenerife, Lanzarote y anteriormente he estado en Túnez, en Kenia. ¡Ah¡ En Milán, también estuve el año pasado, **joder**, en noviembre, pero vamos... antes he estado en África un par de veces y eso... pues, Kenia y Túnez, bueno, hace ya, ¿eh?, pero vamos... No sé... ¡Ah¡ **Egipto**, perdón. A ver, el primer año que salí fue Egipto, después Kenia, después Túnez, eso.

➡ ***Joder** es una expresión vulgar muy usada en la lengua coloquial y que, como todos los "tacos", adopta muy variados valores discursivos. Aquí, el entrevistado la usa para señalar que ha tenido un olvido, una distracción.*

➡ *Nuestro entrevistado pronuncia "Egito". En algunas variantes populares es frecuente la reducción del grupo "pt" en "t".*

- Sí, yo generalmente viajo en vacaciones, salgo de mi país. A Europa es la segunda vez que vengo. He ido a Francia, Inglaterra, Alemania, Bélgica... me falta España e Italia. Y ahora, pues, estoy aquí.

➡ *La entrevistada tiene acento mexicano.*

¿POR QUÉ VIAJAN?

- Yo creo que viajamos, bueno, para conocer otras culturas y para también pasárnoslo bien... con un grupo, así conocemos más gente.

➡ *Los dos primeros entrevistados de este bloque tienen un marcado acento catalán.*

- Bueno, la verdad es que es bastante interesante ir a Estados Unidos, porque **nos reunimos aquí gente de toda España** y esperamos pasárnoslo muy bien.

➡ *En muchos cursos de verano se reúnen jóvenes de una misma nacionalidad. En el caso de nuestro entrevistado, el motivo mismo del viaje parece ser reunirse con gente de toda España.*

- Yo es la primera vez que voy a Estados Unidos... ¿qué? Y nada... y voy a aprender inglés y nada... y a tener una nueva experiencia.

- Bueno, pues, conocer las costumbres y no sé, conocer más... más mundo y eso, ¿no?

- Ah, pues conocer otra gente, otra cultura, ¿eh? Porque hombre, Europa está bien, pero sales por ahí y es todo igual ¿no? Los mismos edificios, o bueno, la gente. Te vas por ahí, la gente, pues, es distinta, no sé. La forma de vivir, ¿sabes?, cambia bastante. Y ahora Colombia, pues, supongo que igual.

- Vivimos en Argentina. Hace 38 años que estoy viviendo en **Argentina** y mi marido más. ¿Cuántos hace que vives tú en Argentina?

➡ *Durante siglos ha habido un importante flujo migratorio de españoles hacia* ***Argentina****. Éste se intensificó especialmente en las primeras décadas del siglo XX y tras la Guerra Civil española (1939).*

- Cuarenta... cuarenta años.

- Y ahora venimos de vacaciones a ver la familia, tengo siete hermanos acá... y vengo a verlos.

- Venimos a disfrutar un poco de nuestra tierra, que hace tantos años que la abandonamos. Y estamos deseando estar siempre acá.

- Conocer las culturas de los diferentes países. Sí, conocer la gente, el estilo de vida.

- El objetivo principal es aprender inglés, por supuesto. Tenemos buen nivel de inglés, pero desde luego hay que perfeccionarlo y creemos que como mejor se hace es en el extranjero, o sea que, pues por eso, aprender inglés.

ANTES DE VERLO

❶ Si quiere crear un cierto suspense entre sus alumnos, puede hacerles ver los primeros segundos del programa, durante los cuales las cámaras se dirigen a la entrada del aeropuerto, deteniendo la imagen antes de la aparición del texto "Aeropuerto de Madrid-Barajas...". Puede preguntar a los alumnos dónde creen que estamos, a dónde vamos, etc.

❷ Antes del visionado del resto del programa, puede proponer una "lluvia de ideas" sobre las costumbres, en el ámbito de los viajes, en los países de origen de los estudiantes o donde están estudiando, tanto respecto a los destinos más frecuentes como a las motivaciones que rigen la elección de un determinado tipo de vacaciones. Se pueden ir anotando en la pizarra, o en una transparencia, las sugerencias de los alumnos: nombres de países, o regiones y motivos. Esto servirá para estimular la comparación, buscando similitudes y diferencias con la información que recibirán de los entrevistados. Puede concretar la actividad a partir de un esquema como el siguiente:

Los italianos / franceses / holandeses /... en vacaciones quieren...

____

____

____

____

Los italianos / franceses / holandeses /... en vacaciones van a...

____

____

____

____

Yo en vacaciones quiero ______________________

Normalmente ______________________

❸ Puede preguntar a sus alumnos con qué asocian las palabras **vacaciones** y **viajar** y pedirles que escriban las primeras asociaciones que se les ocurran. Proporcióneles un esquema de este tipo:

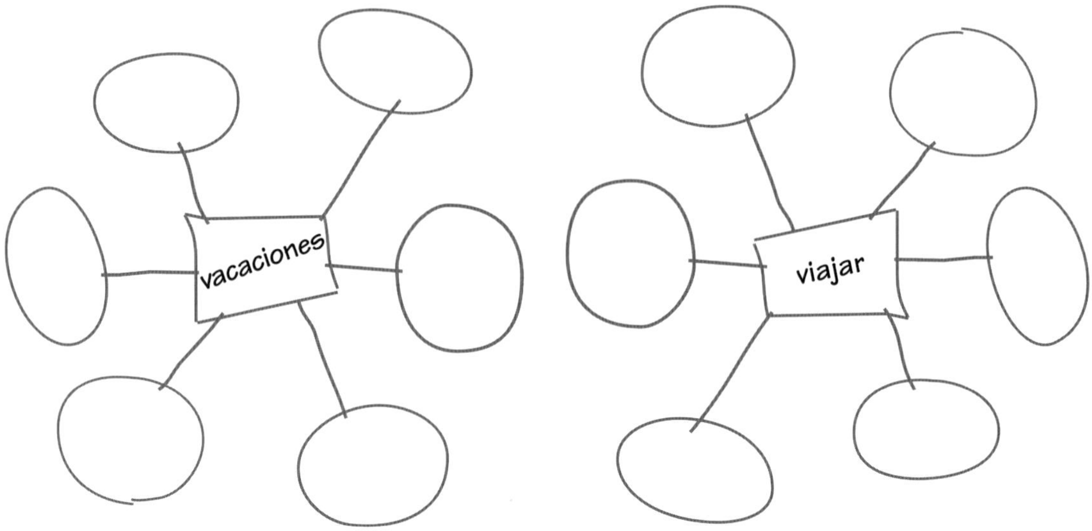

¿DÓNDE ESTÁ EDU?

¿Tienes fichados a todos los Edus de este programa?
Edu aparece en este programa:
- en la oficina de reservas de hotel,
- fuera del aeropuerto hablando por un móvil.

¿CÓMO LO INTERPRETAS?

Se incluye una propuesta de este tipo en el ejercicio 3 del material fotocopiable.

IGUAL Y DIFERENTE

❶ También en la línea de la toma de conciencia de similitudes y diferencias en el plano intercultural, se pide a los alumnos que comparen los hábitos vacacionales de su país con los de los españoles. Lógicamente, esta tarea estará relacionada con la segunda sugerencia de preparación del visionado (ANTES DE VERLO).

❷ También puede hacer que los alumnos comparen sus hábitos individuales con los de los entrevistados respondiendo a la preguntas: ¿Viajan mucho? y ¿Por qué viajan?

LA MÍA

Cada alumno o grupo de alumnos recibe una ficha con un destino de vacaciones formulado del siguiente modo:

Alguien que viene de Londres.
Alguien que va a Túnez.
...

Cada alumno debe identificar a su entrevistado cuando aparezca en la pantalla.

LA LISTA

❶ El juego puede, en este caso, concretarse en el campo léxico de los viajes: objetos relacionados con el tema, servicios de un aeropuerto, etc. Gana el equipo o el alumno que haya confeccionado la lista más larga.

❷ Otra actividad que puede realizar es proporcionar a los alumnos una lista de nombres de ciudades, países y continentes. La lista contiene un nombre que no se menciona. Los alumnos deben descubrir cuál es.

Estados Unidos	Suecia
Perú	Praga
Milán	Colombia
África	Panamá
Lisboa	Tailandia
Santo Domingo	Europa
Dublín	París
Londres	Egipto
Túnez	China
Roma (no se menciona)	Gijón

1 **Toma notas durante el visionado para intentar responder a estas preguntas, como si fueras un periodista que hace un reportaje. No es necesario que escribas frases completas.**

¿A dónde van?

¿De dónde vienen?

¿Viajan mucho?

¿Qué tal el viaje?

¿Por qué viajan?

2 **¿Recuerdas quién lo dice?**

una pareja	un chico joven	una señora mayor
una señora argentina	una chica mexicana	una chica adolescente

Sí, generalmente viajo en vacaciones, salgo de mi país. A Europa es la segunda vez que vengo. He ido a Francia, Inglaterra, Alemania, Bélgica... me falta España e Italia. Y, ahora, pues, estoy aquí.

El objetivo principal es aprender inglés, por supuesto. Tenemos buen nivel de inglés, pero desde luego hay que perfeccionarlo y creemos que como mejor se hace es en el extranjero, o sea que, pues por eso, aprender inglés.

Yo creo que viajamos, bueno, para conocer otras culturas y también para pasárnoslo bien… con un grupo, así conocemos más gente.

Nos encanta viajar. Es la segunda vez que tenemos la oportunidad de viajar... es muy lejos para nosotros venir acá.

Ahora venimos de vacaciones a ver la familia. Tengo siete hermanos acá y vengo a verlos.

Sí, vamos de vacaciones a Túnez, (...) ocho días (…) porque nos gusta ir a ver civilizaciones diferentes y países que no sean lo mismo que estamos viendo todos los días en el nuestro.

3 **Reúnete con varios compañeros y, entre todos, según lo que dicen los entrevistados, completad estas afirmaciones con vuestra interpretación.**

Varios jóvenes españoles ______________________________

La gente de mediana edad ______________________________

Algunos latinoamericanos ______________________________

Muchos viajan con ______________________________

Los que viajan al extranjero son ______________________________

Ahora ponemos en común las conclusiones de los grupos. ¿Lo hemos interpretado igual?

4 **Lee ahora este artículo de prensa sobre los hábitos de los españoles en vacaciones, para contrastar y completar la información del vídeo.**

La gente SOCIEDAD

Los españoles y las vacaciones

Según el Centro de Investigaciones Sociológicas, un 59,2% de los españoles permanece durante el verano en su lugar de residencia habitual, frente al 33,6 que sí sale.

CUÁNDO VIAJAN Y POR QUÉ

El 17% de los españoles que viajan toman sus vacaciones fraccionadas, es decir, en dos o más periodos. Si dividen el periodo vacacional en dos bloques, el primero de ellos (especialmente de marzo a septiembre) es de 17,9 días y el segundo de 5,4 días de promedio según los datos del CIS. El 80% de la población prefiere consumir sus días libres de forma continuada, con especial preferencia por los meses de julio, agosto y septiembre. Según los datos del Instituto de Estudios Turísticos, el 25% de los viajes de los españoles se realizan durante el mes de agosto.

Según este informe, para el 63,3% de los españoles, las vacaciones son la principal causa de sus viajes, seguidos por los desplazamientos con fines de encuentro familiar (22,4%) y los de carácter profesional o de negocios (6,7 %).

DESTINOS

España es el destino principal de los viajes de los españoles, con un 91%. Las Comunidades Autónomas más visitadas han sido Andalucía (20%), Comunidad Valenciana (14%), Cataluña (12%) y Castilla-La Mancha (11%). Alicante es la provincia preferida.

Por último, los viajes al extranjero de los españoles tienen como principal destino Europa y destaca Marruecos con un 8% seguido de Portugal 7%, Gran Bretaña 5% e Irlanda 4%.

ALOJAMIENTO

En cuanto al tipo de alojamiento, el 57% de los viajeros optan por las viviendas, ya sean en propiedad o pertenecientes a familiares y amigos. Los hoteles y establecimientos similares se utilizan en un 26,9%. Las viviendas alquiladas y los campamentos de turismo representan el 6,7 % y el 5% respectivamente, en el conjunto de los viajes.

LAS MOTIVACIONES

Una reciente encuesta del CIS revela que los aspectos más valorados por los españoles son el descanso (65%), la distracción y la diversión (43%) y conocer lugares nuevos (40%). También es importante disfrutar del sol y el aire libre.

El interés cultural de un destino queda relegado a un segundo plano (10%). Hay diversidad de opiniones respecto a la importancia de las vacaciones: el 57% de los encuestados está conforme con que "hay que salir de vacaciones todos los años".

Con toda la información que tienes ahora, piensa en qué similitudes y qué diferencias ves entre tu país y España en el ámbito de las vacaciones.

DOMINGO EN EL RASTRO

Claudio, un argentino que vive en España, pasa una mañana de domingo recorriendo El Rastro, el típico mercado callejero del centro de Madrid. Le acompañamos en su paseo durante el cual busca determinadas cosas, curiosea y, finalmente, adquiere ciertos objetos para él mismo o para otras personas.

- **DURACIÓN: 14´ 39´´**

- **TEMAS CULTURALES:**
  - imágenes del mercado español más grande e importante,
  - las relaciones entre comprador y vendedores en este contexto: tono, registro y tipo de interacciones.

- **COMUNICACIÓN:**
  - recursos para desenvolverse en el ámbito de las compras (pedir lo que se desea, describir objetos, hablar del precio, etc.),
  - expresar gustos y preferencias,
  - vocabulario de objetos de uso cotidiano,
  - colores, formas y material.

DOMINGO EN EL RASTRO

➡ ***El Rastro*** *no es exactamente un barrio, sino una parte del centro histórico de Madrid en la que, además de haber muchos comercios estables, se instala un enorme mercadillo todos los domingos y festivos, convirtiéndose en una de las zonas más concurridas de la ciudad en los mencionados días, especialmente los domingos por la mañana. Miles de puestecillos de compra-venta de todo lo imaginable e inimaginable, desde las más valiosas antigüedades hasta cualquier baratija, llenan la zona. De alguna manera, puede decirse que el Rastro es más que un mercado: para muchos madrileños, ese paseo matutino, cuyo objetivo es comprar algo concreto o simplemente curiosear, o tomar un aperitivo, es casi un rito dominical.*

El Rastro es un espacio que comparten todos los grupos sociales, tanto respecto a la clase social como a la edad. Que los alumnos perciban esta heterogeneidad de los paseantes puede resultar muy interesante.

Los comerciantes están agrupados, en gran medida, por el tipo de productos que ofrecen: existe, por ejemplo, una calle donde sólo se venden animales domésticos, otras zonas donde se ofrecen electrodomésticos, o donde predominan las antigüedades o la ropa. El mundo del coleccionismo (discos, libros, monedas...) y los puestos especializados juegan también un papel importante. A pesar del aparente caos, los espacios de los vendedores están perfectamente reglamentados por el Ayuntamiento.

CLAUDIO, UN ARGENTINO QUE VIVE EN MADRID, BUSCA ALGUNAS COSAS EN EL RASTRO

➡ *Nótese que algunas conversaciones aparecen íntegras, con sonido mientras que, en otros casos, sólo incluimos fragmentos interesantes y, en otras ocasiones, hemos optado por presentar imágenes sin locuciones como soporte de las actividades que se realizarán en clase.*

(En el puesto de "diábolos")

- ¿Y para un niño de once, más o menos?
- Pues mira, para un niño, pues...
- De once más o menos...
- Pues mediano, pequeño o mediano, ése ya es demasiado grande para un niño.
- Es muy pesado, ¿no?
- Claro, éste es muy grande, pesa mucho.
- ¿Tienes en pequeños, de éstos, en azul?
- Me quedan de esos colores nada más, de pequeños.
- Vale, gracias.

➡ *El objeto que intenta comprar Claudio se llama, en España,* ***"diábolo"*** *y sirve para hacer malabarismo. Se lanza hacia arriba con ayuda de dos palos unidos por una cuerda y se trata de recuperarlo con la cuerda.*

(En la tienda de deportes)

- Hola.
- Hola, buenos días.
- Estaba buscando botas.
- Muy bien, ¿quiere pasar por aquí por favor?
- Sí.
- ¿Algún modelo?
- Estoy buscando unas botas así, mira, unas botas altas...
- Mmm...
- ... **De caña**, negras, que sean flexibles pero muy fuertes.
- Impermeables, supongo.
- Sí, o no, no es importante.
- No es importante.
- Sobre todo que sean de caña alta.
- De caña alta.

➡ *Con **de caña**, Claudio se refiere a botas que llegan hasta el tobillo.*

- ¡¡¡Los ocho monumentos más emblemáticos de Madrid, sólo por 500 pesetas!!!

➡ *En El Rastro es todavía frecuente el vendedor ambulante que anuncia a gritos sus productos para atraer clientes. Esto es especialmente frecuente entre los muchísimos vendedores de la comunidad gitana que regentan muchos de los puestos, especialmente los de ropa y calzado.*

(En la tienda de lámparas)

- Oye, estoy buscando una lámpara, roja, más o menos grande.
- ¿Roja, más o menos grande?
- Sí, de este estilo sí, así, cónica...
- Mmm... pero más o menos así. Roja, que tengo un cuarto todo pintado de azul.

➡ *Son muchos los artesanos, como éste, que acuden al Rastro a vender sus trabajos en cuero, madera, metal, tela...*

(En la tienda de ropa)

- Hola, ¿usted trabaja aquí?
- Sí, señor.
- Estoy buscando unas bermudas más bien largas, con flores.
- Con flores no tengo, son colores sólidos, son colores fijos, en azul marino, beige, en gris, en verde, eso sí se lo puedo enseñar.
- Sí, ¿tiene con bolsillos o sin bolsillos?
- Pues los hay con bolsillos laterales, bolsillos que se llaman y luego los hay también en este estilo que son desmontables, pantalón largo con cremallera que se hacen cortos.

➡ *En toda la conversación, el vendedor usa un registro formal con Claudio. Lo general, como se constata en el vídeo, es precisamente un tono y registro muy informal, muy familiar entre cliente y vendedor. Obsérvese, por ejemplo, que el tuteo en ambas direcciones es prácticamente generalizado.*
Por otra parte, según sea la cultura de origen de los alumnos, se percibirá como excesiva o demasiado parca la cantidad de interacción oral entre clientes y vendedores.

- ¿Y con flores nada?
- Con flores no disponemos de nada.
- Gracias.
- De nada, caballero.

(En la tienda de antigüedades)

- Hola.
- Hola, buenos días.
- Oye, ¿tendrás...? Estoy buscando un regalo para mi abuelo. Necesitaría... o un reloj, o un bastón, o alguna lámpara para la mesa de noche, o algo así.
- Ésta está en 25.
- ¿Tienes alguna que se pueda coger en la pared?
- No, eso son apliques, apliques no tengo.
- ¿Es antigua o...?
- Bueno, esto es un poco... Sí, la tulipa es antigua, y parte de ella es antigua, lo que pasa es que está... vamos, que la han hecho... la han restaurado nueva.
- ¿Y bastones?
- Bastones, ahora mismo no tengo ninguno.
- Pues nada, entonces no tienes bastones, ¿sabes dónde puedo conseguir un bastón por aquí?
- Pues en la acera de enfrente en **Trallero** para bastones seguro, ¿eh?
- Muchas gracias.
- Gracias, hasta luego.
- Adiós, adiós.

➡ ***Trallero*** *es el nombre de una tienda de antigüedades próxima.*

FINALMENTE, CLAUDIO COMPRA ALGUNAS COSAS

(En el puesto de ropa interior)

- Hola.
- Hola, buenos días, dígame.
- Estoy buscando algo para **mi chica**, algún sujetador o alguna braga de color...
- ¿Qué color?
- No sé muy bien, estoy buscando, no tengo ni idea.
- Algo así que llame la atención, ¿no?
- Sí, porque es el aniversario de boda.

➡ ***Mi chico/a*** *es una expresión utilizada en los últimos años para referirse a la pareja.*

- Ya, a ver..., mira, tenemos este **rosita** que mira qué mono es.
- ¿Y hay bragas así también?
- Sí, sí, lo tienes con tanga, luego tienes este **amarillito**, que quizás sea más mono.
- Lo que no sé es si le va a ir bien.
- Sí, ¿es muy gorda, o **delgadita**, o **coqueta**?
- Es delgada, pero es alta.
- Es alta.
- Sí.
- No importa, éste le va, ¿eh?
- Entonces **tengo miedo que** le apriete mucho.
- No creas, porque lleva dos **cositas** para poner uno más flojo y otro más...
- Ah, esto...
- Lleva dos **cositas**.
- Ya, ya.
- Y la **braguita** pues es tamaño único.
- ¿Y las bragas no vienen con este tejido?
- No, porque es más cómoda así, ¿sabes? Es lycra.
- Vale.
- Y la **braguita**, es más cómoda así.
- ¿Qué otros colores tiene?
- Pues tengo este **rosita**, luego te podía buscar algo en **blanquito** o en visón. El verde no voy a tener el tono de la **braguita**, ¿sabes?
- Ya.
- En visón, sí. En visón te lo puedo poner...
- ¿Visón es este color?
- Sí, éste no se transparenta ni nada.
- Vale, y si no le gusta, ¿lo puedo venir a cambiar?
- Lo puedes cambiar sí, me pongo todos los domingos, lo puedes cambiar...
- Pues nada, entonces me llevo éste.
- ¿Ése?
- Y la braga amarilla, también.
- Y la **braguita** amarilla...
- ¿Me lo puede poner en una bolsita?
- En una **bolsita**, claro.
- Vale.
- ¿Querías algo más?
- No, estoy viendo si tengo monedas.
- Ah... muy bien, pues vale, ya verás qué

➡ *Durante toda la conversación, la vendedora usa una gran cantidad de diminutivos (que señalamos en negrita). Es un uso muy frecuente en este tipo de contexto, como se constatará en varias de las conversaciones que mantiene Claudio, y especialmente frecuente entre mujeres refiriéndose a las prendas de vestir y a sus características.*

➡ *La vendedora hace un uso especial de la palabra **coqueta**, no generalizable, para describir una persona que no es ni gorda ni delgada.*

➡ *Según la norma sería **tengo miedo de que**.*

guapa va.
- Espero que le vaya, porque me parece que el sujetador es un poco pequeño, pero lo puede venir a cambiar, tiene otras tallas y...
- Lo puedes cambiar sí, no te preocupes, que si no le va bien, lo cambias.
- Gracias, pues ahí tienes.
- Hasta luego.
- Hasta luego y gracias.
- Adiós.
- Adiós.

(En el puesto de zapatillas)

- ¿Tienen éstas en el 39?
- Sí.
- Ponme unas.
- Toma.
- ¿De qué son?
- Es de **esparto** y de tela, por dentro es muy cómoda y es muy **fresquita**.
- ¿Qué otros modelos tienes?
- **Nada más** lo que tienes aquí.
- Así en verde y de esparto y nada más.
- Nada más.
- Vale, esto es para una chica de más o menos veinticinco. ¿Crees que le irán?
- Síííííí.
- Oye, ¿y si te pilla la lluvia? ¿Se te **desarman** mucho?
- Para el agua no valen, ¿eh?
- Para el agua, nada... Me llevo las del 39. ¿Me las metes ahí?
- Coge.
- Venga, gracias
- Hasta luego, gracias.
- Hasta luego.

➡ *El **esparto** es un material natural con el que se confeccionan las suelas de las alpargatas, calzado muy utilizado en España en verano. No resiste el agua.*

➡ ***Nada más**, en el sentido de "solamente" o "únicamente", se utiliza en contextos coloquiales como éste.*

➡ ***Desarmar** en el sentido de "estropear", en un contexto coloquial como éste. No se usaría en la variante peninsular del español. Recuérdese que Claudio es argentino.*

➡ *Obsérvese la gran cantidad de puestos montados directamente en el suelo, en aceras y calles. Se trata de los vendedores más humildes, en muchas ocasiones, ancianos que ofrecen objetos usados de poco valor.*

(En el puesto de manteles)

- Hola.
- Hola.
- Estoy buscando un **pareo.**
- Esto son telas, pero esto no se utilizan para pareos, se utilizan más bien para

➡ *Un **pareo** es un gran pañuelo que usan muchas mujeres en verano, especialmente para ir a la playa o a la piscina. Se lleva sujeto con nudos a la cintura. Claudio sorprende en cierto modo al vendedor, que en realidad*

manteles.
- ¿Qué medidas tienen ésos?
- Aquéllos son de 1'80 por 2'60. Y luego **los tienes éstos**, que son más grandes, son 2'30 por 2'70.
- Pues creo que me llevo ése.
- ¿Éste de cuadritos?
- Sí. Éste.

vende colchas y manteles, y por el propio hecho de ser un hombre el que solicita un pareo.

➡ ***Los tienes éstos*** *es una construcción no reconocida por la norma (debería decir* ***tienes éstos****), pero que puede oírse en este registro.*

(En el puesto de pájaros)

- Nunca he tenido pájaros, pero me quería llevar de esos rosas. ¿Lo tengo que cuidar mucho? Porque yo a veces viajo, y viajo bastante.
- Poco, nada más que echarles agua y comida, y el agua que no les falte, claro.
- Vale, pues me llevo dos de ésos.
- ¿Dos lipocromos?
- Sí.

➡ *El vendedor de pájaros habla un castellano muy representativo de la variante popular madrileña. Obsérvese, por ejemplo, la característica aspiración de eses finales de sílaba.*

- ¿Tienen cría **fácil**, o me conviene llevarme dos machos o dos hembras?
- No, si quieres criar, **lo suyo** es macho y hembra, por supuesto.
- Pero, ¿crían **fácil** o no?
- Sí, sí, sí, facilísimo.
- Pues vale.
- ¿Qué quieres, macho y hembra?
- Sí, por favor.
- Las hembras valen más baratas.
- Venga, vale
- Hasta luego.
- Hasta luego.

➡ *El vendedor utiliza* ***fácil*** *en el sentido de "fácilmente".*

➡ ***Lo suyo*** *es una expresión muy frecuente en la lengua coloquial: significa "lo correcto", "lo adecuado", etc.*

ANTES DE VERLO

Se incluye una propuesta para preparar el visionado en el ejercicio 1 del material fotocopiable. El objetivo es acercar a los alumnos a una realidad distinta de la propia, con una aproximación liberada del propio modelo cultural y del estereotipo, en la línea general de entrenar el desarrollo de la competencia intercultural. Para ello, en una primera fase, se les invita a reflexionar sobre sus propios modelos culturales para lograr una toma de conciencia del propio bagaje.

IGUAL Y DIFERENTE

Tras el visionado, puede haber una puesta en común en la que se expliciten comparaciones entre los mercados que los alumnos conocen y El Rastro, sus características físicas, urbanas y humanas, el tipo de comunicación que se establece entre vendedores y clientes, etc.

YO NO LO SABÍA

En estrecha relación con la propuesta anterior, puede pedir a los alumnos que tomen notas (para después comentarlas) sobre aquellos aspectos culturales que les han sorprendido, que han cambiado sus imágenes previas. En este sentido, este trabajo también se puede realizar a partir del primer ejercicio fotocopiable.

DOBLAJE Y SUBTITULADO

Cada grupo puede seleccionar una de las conversaciones: la compra de ropa interior o la compra de pájaros, o del pareo, o de las zapatillas, por ejemplo, y tratar de reescribir una conversación similar. También puede ser interesante pedir a los alumnos que elaboren una posible banda sonora para aquellas conversaciones que aparecen sin locución en el programa: en el puesto de bastones antiguos, el final de la conversación sobre las botas, la compra de libros, la compra del sombrero... Para esta última escena, puede resultar útil que los alumnos imaginen que acompañan a Claudio. Deberán irle dando su opinión sobre los diferentes sombreros que se prueba. Para facilitar la tarea puede ir "congelando" la imagen con el botón de pausa.

LA LISTA

Planteándolo a modo de concurso entre varios equipos, puede utilizar este programa para un trabajo de fijación de léxico. Cada equipo tratará de elaborar la lista más larga que pueda de objetos que, o bien se mencionan en las conversaciones, o bien aparecen en las imágenes.
Otra fórmula más sencilla puede ser pedirles que, en grupo, intenten hacer la lista más larga siguiendo este esquema:

COSAS QUE CLAUDIO QUIERE COMPRAR	COSAS QUE CLAUDIO MIRA	COSAS QUE CLAUDIO COMPRA

¿DÓNDE ESTÁ EDU?

Edu aparece en este programa:
- en un plano general de la Ribera de Curtidores, la calle principal del Rastro,
- en el puesto de sombreros,
- en el puesto de alpargatas y zapatillas,
- leyendo en un banco tras la compra de zapatillas,
- en uno de los puestos de la calle de los animales.

~~abc~~ NO ES VERDAD

Se incluye una propuesta de este tipo en el ejercicio 3 del material fotocopiable.

ES LA MÍA

Cada alumno o grupo de alumnos recibe una ficha con la descripción de una secuencia que forma parte del programa y que se visionará entre otras secuencias. El alumno o grupo de alumnos deben identificarla cuando aparece en la pantalla.

Ejemplos de las fichas que puede utilizar aquí:

Claudio compra unas zapatillas para su novia.

Claudio compra dos pájaros.

Claudio compra unos libros.

Claudio compra ropa interior para su mujer.

Claudio busca una lámpara para su abuelo.

1 **¿Qué es para ti un mercado al aire libre? ¿Qué puedes encontrar?**

	Sí	**No**
un mueble del siglo XVII		
comida		
ropa interior		
libros		
discos		
vino		
flores		
zapatos		
pan		
animales		
té		
ordenadores		
relojes		
productos de limpieza		
cuadros		
revistas viejas		
televisores		
medicamentos		

¿Qué tipo de gente compra en un mercado al aire libre? ¿Todo el mundo? ¿Y tú? ¿Vas a menudo? ¿Qué vas a comprar?

Si en tu clase hay alumnos de diferentes culturas, compara tus respuestas con las suyas. Así verás que no todos tenemos las mismas imágenes mentales de las cosas.

2 **Imagínate que acompañas a Claudio por El Rastro. Durante el visionado del programa busca estas cosas y anótalas.**

una cosa para mí ____________________ un regalo para tu profesor ____________________

algo muy bonito ____________________ un regalo para un/a amigo/a ____________________

algo muy feo ____________________ algo para mi pareja ____________________

Ahora explica a tus compañeros qué has encontrado.

- Para mí un/a...

3 **¿Recuerdas qué cosas compra Claudio? Compara tus respuestas con las de un compañero y discútelo.**

Para su sobrino...

	sí	no	no sé	yo creo que...
un pájaro				
unos libros				
unas zapatillas				
un diábolo				
unos pantalones				

Para su mujer...

	sí	no	no sé	yo creo que...
un pareo				
un sujetador amarillo				
un mantel				
unas botas				
unas zapatillas				

Para su abuelo...

	sí	no	no sé	yo creo que...
un bastón				
una lámpara				
unas botas				
unos libros				
un sombrero				

Para él mismo...

	sí	no	no sé	yo creo que...
unas botas				
unos pantalones				
unas zapatillas				
un sombrero				
dos pájaros				

ANTONIA MOYA

Antonia, una bailaora profesional granadina que vive en Madrid, nos muestra cómo es su vida cotidiana. La acompañamos a lo largo de todo un día durante el cual nos explica cómo distribuye su tiempo entre preparación física, actividad profesional y vida familiar.

▶ **DURACIÓN: 14´ 49´´**

▶ **TEMAS CULTURALES:**
- imágenes de la vida cotidiana en Madrid,
- el flamenco.

Puede hacer observar también a sus alumnos...
- hábitos alimentarios y horarios.

▶ **COMUNICACIÓN:**
- describir hábitos y costumbres,
- marcadores de frecuencia,
- las partes del día,
- la salud y el cuerpo humano.

ANTONIA MOYA

➡ ***Antonia Moya*** *es una bailaora profesional de flamenco nacida en Granada, pero afincada en Madrid. Ha actuado en tablaos de todo el mundo y actualmente imparte cursos de flamenco en España, Suiza, Italia y Alemania. Está casada con un músico suizo y tiene un hijo y una hija.*

➡ *Los orígenes del arte flamenco no están todavía totalmente claros y los estudiosos tienen varias teorías. Sin embargo, lo que es indiscutible es que nace del encuentro de tradiciones culturales muy diversas que han pasado por Andalucía. El contacto entre los gitanos y la música popular andaluza parece ser clave. Cantos judíos, salmodias hindúes y griegas, tonadas moriscas, sones africanos, romances castellanos, entre otros elementos, confluyen para dar origen a una compleja forma musical que incluye baile, cante y música.*
En el siglo XVIII aparecen las formas más primitivas de flamenco y en el XIX sale del ámbito familiar y se empieza a poder ver y escuchar en escenarios públicos.
Dentro del flamenco, se distinguen los llamados "palos", diferentes formas de expresión que adopta: bulerías, alegrías, soleares, siguiriya, tangos, rumbas, entre otros.
Entre los diferentes "palos" existen muchas diferencias tanto en sus cualidades expresivas (unos tienen un marcado carácter trágico, otros son festivos...) como en su distribución geográfica y su función social.

TODAS LAS MAÑANAS... A LA PISCINA

- Pues... ¿Cómo comienzo yo el día? Pues nadando, porque es uno de los ejercicios más completos y más sanos, y allá voy.

➡ *Las primeras escenas discurren en el centro antiguo de Madrid, en la zona denominada La Latina (que linda con El Rastro) y en la piscina municipal del mismo nombre. En La Latina se encuentra uno de los más tradicionales mercados madrileños, el Mercado de La Latina.*

➡ *Antonia tienen acento andaluz, pero suavizado por su larga estancia en Madrid. Algunas características fonéticas de este acento son, entre otras, el seseo o la pérdida de ciertas consonantes finales.*

- Pues yo vengo a nadar aquí prácticamente cada día. Y lo hago **a primera hora de la mañana**, porque creo que es una buena manera de empezar el día.

➡ ***A primera hora de la mañana*** *es un concepto que puede no corresponder a los hábitos horarios de los alumnos: Antonia va a nadar sobre las 9h; muchos españoles se refieren a esta hora, la de apertura de la mayoría de oficinas y comercios, cuando usan dicha expresión.*

A LA HORA DE DESAYUNAR... AL BAR

- Pues, después de nadar, normalmente vengo a esta misma cafetería. También, normalmente, con mis compañeros de natación... y venimos aquí a desayunar. Y desayuno un zumo de naranja, café con leche, **en vaso**, y una tostada. Manolo, por favor, ¿me puedes poner **un desayuno**? Como todos los días.

➡ *Muchos españoles toman un segundo desayuno fuera de casa, en una cafetería. En las empresas y oficinas la pausa para compartir este tiempo con los compañeros es un rito casi obligado. En torno a esta costumbre, existe una gran oferta por parte de los bares y una serie de hábitos más o menos generales, regionales e incluso muchas manías individuales. Por ejemplo, en Madrid y parte de Castilla son frecuentes los churros y porras (masa frita en aceite que aparece en la imagen) y las tostadas de pan, mientras que en otras regiones dichos productos no existen. En Madrid es frecuente que los bares ofrezcan una especie de "menú" de desayuno, con precio fijo. De ahí que Antonia pida* ***un desayuno****. Sin embargo, la mayor parte de los españoles toman solamente café, en sus diversas formas, acompañado de bollería (croissants, etc.) o bocadillos. También es frecuente tomar zumo de naranja natural. Obsérvese que Antonia pide el café con leche* ***en vaso****, (aunque después se lo sirven en taza); especificar en qué recipiente se quiere el café es una costumbre bastante extendida en España.*
La relación con el personal del bar suele ser cordial y muy personalizada ("Manolo...") pues son muchos los que toman el desayuno todos los días en el mismo establecimiento.

A MEDIA MAÑANA... UN POCO DE EJERCICIO

- Pues éste es uno de los estudios donde vengo normalmente para estudiar por mi cuenta un par de horitas y también tomo alguna clase de ballet y de estiramientos. Hasta ahora.

➡ *Se trata de una escuela de danza frecuentada sobre todo por profesionales, situada en la zona de El Rastro. Aquí, por ejemplo, ha ensayado durante años el famoso bailarín Joaquín Cortés.*

- Pues, para ser profesional, hay que estar entrenando cada día muchas horas, no solamente de la materia en la que eres profesional. Yo, por ejemplo, soy **bailaora** de flamenco, pero también tengo que hacer estiramientos, como habéis visto hago natación y todo tipo de deportes para estar en forma.

➡ ***Bailaor/a*** *es el nombre que reciben los/as bailarines/as de flamenco.*

TODOS LOS DÍAS... ENSAYO

- ¿Me haces la salseta esa? (...) Aquí habría un compás. (...) Ahora vendría la salseta. Y lo bajamos ahí un poquito el ritmo. (...) Se acabó. Bien, bien...

➡ *En los ensayos, suele haber un guitarrista y alguien que toca palmas.*
➡ *No hace falta que los alumnos presten atención a las locuciones en este apartado, por tratarse de un tema muy específico, con su "argot" propio.*
➡ *Para los no entendidos en flamenco, puede parecer*

éste fruto esencialmente de la inspiración momentánea y la improvisación. Esta escena puede ayudar a comprender que se trata de un género con unas reglas y una técnica muy específicas.

➡ *A diferencia de lo que ocurre en muchos países de su entorno, en España son muchos los que van a mediodía a comer a casa y toman una comida importante, con varios platos; aunque también es cierto que crece la tendencia a eliminar o reducir la pausa del mediodía en muchos ámbitos profesionales.*
Muchos niños, tanto de la escuela pública como de la privada, comen en el colegio. No es el caso del pequeño David, que es alumno de la escuela suiza de Madrid y no tiene el típico horario español, ya que llega a casa alrededor de las dos y media.

A LA HORA DE COMER... A CASA

- **No se vive sólo del arte**, hay que comer y **hoy toca pescado**.
- Ahora me toca esperar a mi niño pequeño que viene del colegio y, nada, hacer la comida y comer con mi familia, que es muy agradable, y nada más.

➡ ***No se vive sólo del arte*** *es una expresión que significa normalmente que hay que trabajar, además de hacer lo que nos gusta. Aquí, sin embargo, Antonia la usa para decir que aparte del arte existen otras necesidades u obligaciones.*
➡ *Los españoles consumen mucho más pescado que los demás vecinos europeos, y existen en todas las ciudades muchas pescaderías, como la que aparece en este programa. La expresión que usa Antonia,* ***hoy toca pescado*** *da cuenta de la regularidad de este consumo.*

TODAS LAS TARDES... CLASE

- Ésta es la **escuela de Merche Esmeralda**, donde yo doy clases cada día, algunos días por la mañana y por la tarde, siempre. Y nada, voy a empezar con este grupo, que son todas nuevas, y nunca han hecho flamenco y yo tampoco las conozco. A ver qué pasa.
- Éste es nuestro guitarrista, Chipi, gran maestro de la guitarra. Pues vamos a hacer por **soleaes**, muy despacito, golpes, primero solamente golpes, después cuando yo diga dos golpes, hacemos dos golpes, ¿sí? Siete, ocho, nueve, diez y... dos, tres, cuatro, cinco, seis, siete, ocho, nueve, diez, once, doce...
- Y que sepáis que todavía no he terminado, que me queda una actuación en el **Parque de la muy disputada cornisa.**

➡ *En los últimos años, el flamenco ha traspasado las fronteras que lo localizaban en Andalucía y en ciertos círculos de aficionados. Se puede afirmar que "está de moda" en muchos ambientes, y se observa un renacimiento muy vigoroso en sus nuevas formas, frecuentemente fusionadas con otros géneros y estilos musicales (pop, jazz, ritmos caribeños, etc.). Además, muchas personas, especialmente mujeres, se inscriben en cursos para aprender a bailar. Es el caso del grupo de principiantes con el que trabaja Antonia en una escuela de un acomodado barrio madrileño.*
➡ ***Soleares****, pronunciado "soleaes", es uno de los palos de flamenco más antiguos.*
➡ *La actuación de la que habla Antonia se hace en un parque madrileño, en el viejo Madrid, en el marco de una fiesta popular reivindicativa organizada por los vecinos para luchar contra el proyecto municipal de convertir dicho parque en zona urbanizable. De ahí el nombre que le da Antonia.*

A VECES POR LA NOCHE... ACTUACIÓN

➡ *Si va a realizar varios visionados para preparar las actividades, conviene quizá no repetir íntegras las escenas de baile, que podrían resultar excesivamente largas.*

ANTES DE VERLO

❶ Este programa puede ser un material especialmente adecuado para realizar un trabajo de introspección destinado a la toma de conciencia del estereotipo, de la imagen previa cargada de prejuicios con la que muchas veces nos acercamos a esa realidad nueva que vehicula la lengua objeto de estudio. Un modo de hacerlo sería haciendo emerger, antes de visionar el capítulo, las ideas que puedan tener los estudiantes sobre una persona vinculada al flamenco como es Antonia.
Puede empezar la explotación con una imagen congelada de Antonia vestida de calle, llegando a la piscina o yendo hacia el bar a desayunar. Pida a sus alumnos que especulen sobre ella provocándoles con preguntas como:

¿Qué tipo de trabajo te imaginas que tiene?
¿Cómo vive?
¿A qué se dedica?

Si desea potenciar este tipo de reflexión intercultural y está utilizando GENTE 2, puede resultar aconsejable iniciar la lección 1 (*Gente que se conoce*) con el visionado de este programa. De este modo los alumnos ya conocerían a nuestra protagonista, que es el eje de dicha lección en el manual.

❷ Prácticamente todos los alumnos tienen alguna imagen previa o algo de información sobre el flamenco, y, en muchas ocasiones, presupuestos muy estereotipados o distantes de la realidad actual del flamenco y de su papel en la vida cultural española. Puede ser interesante, en este sentido, provocar también una "lluvia de ideas" sobre el tema.
Puede continuar este trabajo de preparación con el cuestionario y el texto incluidos en el ejercicio 1 del material fotocopiable.

YO NO LO SABÍA

Como en otros programas, puede pedir a los alumnos que tomen notas para comentar después aquellos aspectos culturales que les han sorprendido, que han cambiado sus imágenes previas.

UNA IMAGEN, MÁS QUE MIL PALABRAS

Puede utilizar la congelación de imágenes para realizar distintos trabajos de repaso de léxico, en concreto sobre lo relativo a las partes del cuerpo humano y los movimientos.

DOBLAJE Y SUBTITULADO

❶ Puede realizar esta actividad con cualquiera de las intervenciones de Antonia, una vez realizado el visionado completo.

❷ También pueden preparar un texto imaginando las instrucciones de la profesora de estiramientos. Utilice para ello la congelación de diversas imágenes.

LA MÍA

Cada alumno o grupo de alumnos recibe una ficha con la descripción de una secuencia, como por ejemplo:

Antonia compra pescado	Antonia da clase	Antonia sale de la piscina	Antonia se toma un café con leche

Cada alumno tiene que identificar la escena cuando ésta aparece en pantalla.

Solución al ejercicio 1 de PARA FOTOCOPIAR (pág. 48):

- ☐ Es un tipo de baile.
- ☒ Es cante, baile y música.
- ☐ Es baile y música.

- ☒ Sólo existe en España.
- ☐ Existe también en México.
- ☐ Existe en toda Latinoamérica y en España.

- ☐ Es de origen árabe.
- ☐ Es de origen hindú.
- ☒ No se conoce exactamente su origen.

- ☒ Empieza a tocarse en escenarios en el s. XIX.
- ☐ Es muy antiguo.

- ☐ Es una música alegre.
- ☐ Es una música triste.
- ☒ A veces es alegre y a veces triste.

- ☐ Sólo bailan mujeres.
- ☒ Bailan los hombres y las mujeres.

- ☐ Los instrumentos principales son el violín y la guitarra.
- ☒ Los instrumentos principales son la guitarra y las castañuelas.

- ☒ Es muy popular en toda España actualmente.
- ☐ Sólo es muy popular en Andalucía.

- ☐ Es una música muy simple. Todo depende de la inspiración del artista.
- ☒ Es una estructura musical bastante complicada.

ANTONIA MOYA

1 ¿Qué sabes del flamenco? Señala con una cruz las afirmaciones que crees que son verdaderas.

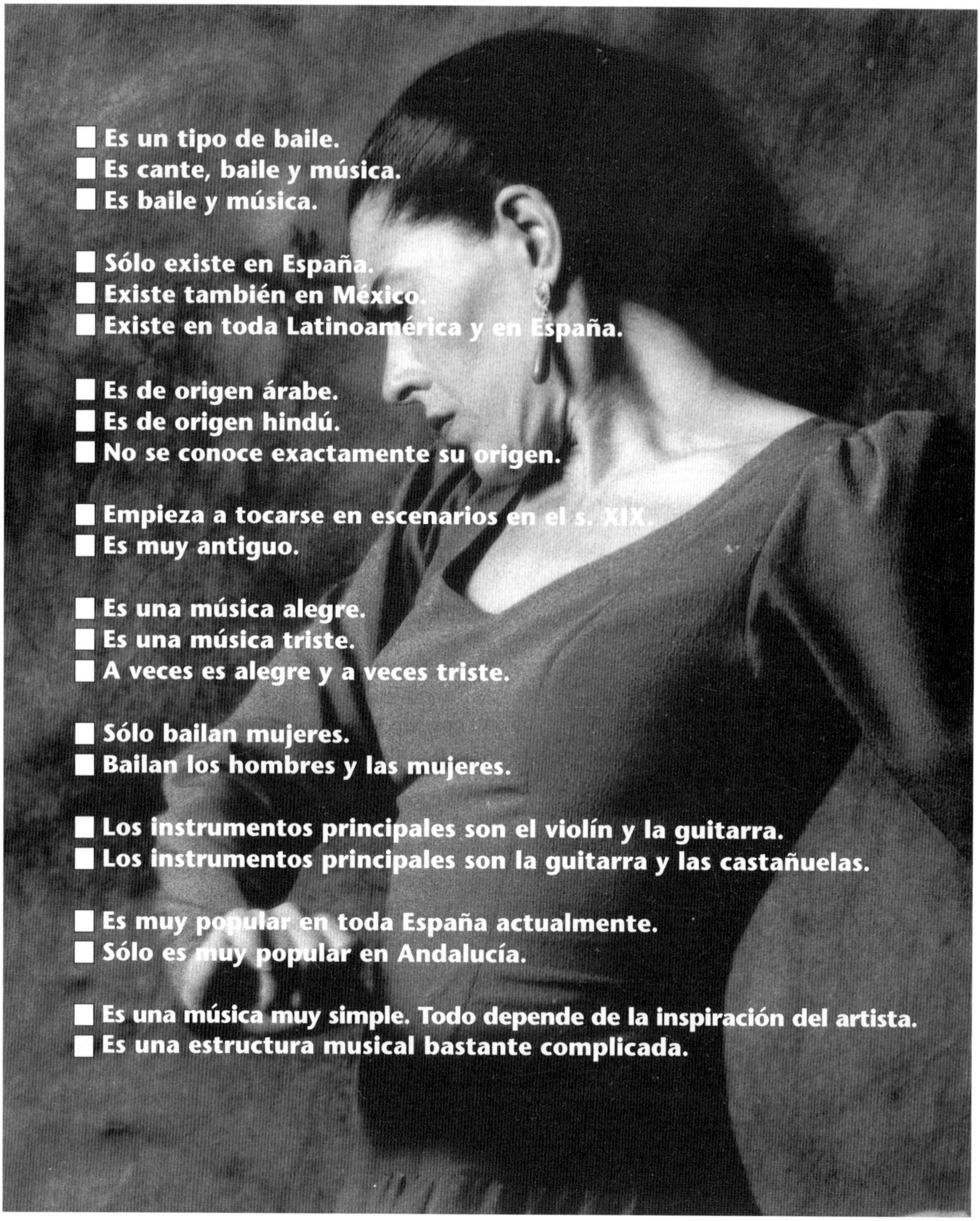

- ■ Es un tipo de baile.
- ■ Es cante, baile y música.
- ■ Es baile y música.

- ■ Sólo existe en España.
- ■ Existe también en México.
- ■ Existe en toda Latinoamérica y en España.

- ■ Es de origen árabe.
- ■ Es de origen hindú.
- ■ No se conoce exactamente su origen.

- ■ Empieza a tocarse en escenarios en el s. XIX.
- ■ Es muy antiguo.

- ■ Es una música alegre.
- ■ Es una música triste.
- ■ A veces es alegre y a veces triste.

- ■ Sólo bailan mujeres.
- ■ Bailan los hombres y las mujeres.

- ■ Los instrumentos principales son el violín y la guitarra.
- ■ Los instrumentos principales son la guitarra y las castañuelas.

- ■ Es muy popular en toda España actualmente.
- ■ Sólo es muy popular en Andalucía.

- ■ Es una música muy simple. Todo depende de la inspiración del artista.
- ■ Es una estructura musical bastante complicada.

Después de ver el vídeo, ¿tienes más información? Discútela con tus compañeros y corrige tus respuestas anteriores si cambias de opinión.

2 **¿Puedes relacionar las cosas que hace Antonia a lo largo del día?**

TODAS LAS MAÑANAS
A MEDIA MAÑANA
A VECES POR LA NOCHE
TODOS LOS DÍAS
A LA HORA DE DESAYUNAR
TODAS LAS TARDES
A LA HORA DE COMER

ENSAYA
VA AL BAR
TIENE ACTUACIÓN
VA A CASA
DA CLASE
VA LA PISCINA A NADAR
HACE UN POCO DE EJERCICIO

¿Crees que Antonia lleva una vida sana? ¿Por qué?

3 **Imagina que hablas con Antonia. ¿Cómo reaccionas si te dice esto?**

Yo desayuno un zumo de naranja, un café con leche, en vaso, y una tostada.

____

____

Voy a nadar prácticamente cada día, y hago todo tipo de deporte para estar en forma.

____

____

A la hora de comer yo voy a casa y como con mi familia.

____

____

Yo, por las tardes, trabajo en una escuela.

____

____

Yo, a veces por la noche, trabajo.

____

____

RARO: UNA EMPRESA RARA

En este programa visitamos Raro, una empresa madrileña muy representativa de uno de los sectores más dinámicos de las jóvenes empresas, el de la comunicación. Se trata de un equipo de profesionales que desarrolla múltiples y variados productos dentro del ámbito del diseño gráfico, editorial y audiovisual.

▶ DURACIÓN: 12´ 8´´

▶ TEMAS CULTURALES:

- imágenes e información sobre una pequeña empresa española: características, organización, relaciones personales, etc.

Puede hacer observar también a sus alumnos...

- la obra de uno de los más prestigiosos diseñadores gráficos españoles de la actualidad, Rafael Sañudo,
- grupos musicales y medios de comunicación de actualidad.

▶ COMUNICACIÓN:

- hablar de la profesión y de la función que uno desempeña en una empresa,
- expresar gustos,
- describir una empresa.

RARO, UNA EMPRESA RARA

¿QUÉ ES RARO?

➡ *Durante todo el programa aparecen muchos de los diseños elaborados por Raro.*

➡ *Aparecen portadas de* ***La Razón****, periódico de reciente aparición, creado y dirigido por un conocidísimo hombre de la prensa conservadora, José M. Ansón, que durante muchos años dirigió el periódico* ABC.

➡ ***El Chaval de la Peca*** *es un músico-showman que se ha convertido en un auténtico fenómeno popular, en los últimos años, versionando e interpretando canciones de los años 60 y 70. Le caracteriza también la recuperación de la estética de dicha época.*

➡ ***Alejandro Sanz*** *es uno de los cantantes con mayor éxito en España. Cultiva un tipo de canción melódica con toques muy personales e influencias flamencas que gusta a un público muy amplio. Un buen ejemplo de su producción es el enorme éxito del 99 ,"Corazón partío", perteneciente al álbum* Más, *cuya portada aparece en la imagen.*

- Como indica el nombre de la empresa, hacemos cosas muy extrañas, hacemos diseños de portadas de discos, hacemos dirección de arte, hacemos diseño de colecciones de libros, diseños de periódicos, humor gráfico... Luego tenemos otra pequeña empresa que se llama **"Pelis** Peculiares", que es una productora y rodamos **videoclips**, pues para los grupos que hacemos las portadas. Dentro de Raro hacemos la portada del disco y luego, con "Pelis Peculiares", hacemos el videoclip del grupo, que luego se utiliza, pues, para los programas de música en la TV digital o en las televisiones normales o para que la discográfica haga **spots** y anuncie el producto.

➡ ***Peli*** *es la abreviatura de película, especialmente frecuente en un registro infantil y juvenil.*

➡ ***Videoclip*** *es un cortometraje promocional de un grupo musical o de un cantante, en el que éstos interpretan una canción.*

➡ *El anglicismo* ***spot*** *es, en la jerga profesional, tan o más frecuente que anuncio.*

- Hay gente que piensa que somos un **estudio de diseño**, hay gente que piensa que somos una **agencia de publicidad**, hay gente que piensa que es un **grupo creativo**, o sea, es... realmente, es complicado definirlo, ¿no?

➡ *El enorme desarrollo que ha vivido el mundo de la comunicación audiovisual ha dado origen a una serie de términos nuevos como:* ***estudio de diseño*** *(referido normalmente a la producción gráfica),* ***grupo creativo*** *(publicidad) frente al término clásico* ***agencia de publicidad****, aunque las fronteras, como señala el propio Sañudo, no son claras.*

- Yo creo que nos caracterizamos un poco..., nos gustan los retos. Cosas **que** otra gente a lo mejor dice no, porque tiene una producción un poco complicada, nosotros decimos sí. Entonces, intentamos ver soluciones a los problemas. Somos muy variados, hacemos diseño, producción gráfica, audiovisual. Lo hacemos todo.

➡ *La forma normativa sería* ***a las que****. La elisión de la preposición en este tipo de construcciones es enormemente frecuente en la lengua coloquial.*

¿QUIÉNES SON? ¿QUÉ HACEN?

Rafa Sañudo
- Me llamo **Rafa** Sañudo. Tengo esta empresa que se llama Raro, **S.L.** con mi socio Roberto.

➡ ***Rafa*** *es el hipocorístico o nombre familiar de Rafael.*

➡ ***S.L.*** *significa Sociedad Limitada, uno de los tipos de empresas previstas por la legislación española. Se trata normalmente de pequeñas o medianas empresas.*

- Bueno, cuando estaba en el colegio me ponían malas notas porque siempre andaba dibujando en los márgenes de las páginas, siempre estaba haciendo **monigotes**, y luego, al final, me he ganado la vida haciendo monigotes.

➡ *Al hablar de* ***monigotes*** *Rafa Sañudo se refiere con ironía, especialmente, a una de sus múltiples facetas: dibujante de viñetas de humor gráfico.*

Roberto Huerta
- Soy Roberto Huerta, soy el dueño, con Rafa Sañudo, **que** ya habéis oído antes, de este estudio y centro de producción gráfica. Lo montamos un poco con la idea de combinar las dos cosas, coordinar la parte diseño, que ya os ha contado un poquito Rafa, a lo que nos dedicamos, y la parte de producción, que es la que llevo yo personalmente. Aparte de eso, yo también llevo un poco la gestión con los clientes, la parte comercial y el tema de cuentas que es lo más aburrido de todo, pero bueno...

➡ *La construcción normativa sería* ***al que.***

Inés Ruiz
- Bueno, yo me llamo Inés. En Raro me ocupo del tema de la administración. Llevo todo lo que es clientes, teléfono y bancos. Tenemos aquí seis líneas, yo tengo seis líneas por centralita, bueno... y hay momentos en que no puedo ni parar porque están continuamente sonando.

Vicente Ocaña
- Hola, soy Vicente, y trabajo en Raro. Y... estoy en el área de diseño. Y, bueno, pues, nos dedicamos un poco a hacer cosas bonitas para nuestros clientes.

Ana Díaz
- Me llamo Ana. Trabajo en el departamento de diseño desde hace casi dos años.

Rafa Silvosa
- Bueno, yo me llamo Rafa Silvosa y aquí trabajo en el tema de administración, llevo todo el tema relativo a **proveedores**: recepción de facturas, luego, registro en el ordenador... Compruebo que esas facturas que nos llegan correspondan a nuestros trabajos. Todo está informatizado, metido en el ordenador para sacar listados de facturas de proveedores, de cosas pendientes de pago, y eso es básicamente lo que hago.

➡ ***Proveedores**: empresas que suministran servicios o materiales a otra.*

Clara Rotondo
- Hola, yo soy Clara, trabajo en el departamento audiovisual de Raro Producciones. En este departamento nos ocupamos... dedicamos a hacer vídeos musicales, películas, anuncios; todos los temas audiovisuales. Desde contratar al director de fotografía, al productor, iluminación, técnicos de iluminación, platós, buscar las **localizaciones**, tipo un salón de una casa... Si hay que rodar en la calle, pedir permisos...

➡ ***Localizaciones:** en el argot profesional, los lugares donde se realiza el rodaje de un vídeo o una película.*

Barbara Oberhagemann
- Me llamo Bárbara, y trabajo aquí desde hace dos años. Soy diseñadora...

Santiago Castejón
- Soy Santiago Castejón, encargado del departamento de producción. Aquí llevamos lo que es toda la elaboración de los diseños que nos aprueban, tanto a nivel gráfico como en otros artículos como puedan ser camisetas, o este tipo de **manipulados**.

➡ *Junto a Santiago se ve una imagen de **Luis Miguel**, cantante melódico de origen portorriqueño que ha conseguido un enorme éxito de ventas en todo el mundo hispano. Santiago muestra también una camiseta de **Café Quijano**, un curioso grupo español que mezla rumba, flamenco y pop.*

➡ *Con el término **manipulados** se refiere a objetos promocionales que incluyen varios tipos de materiales.*

¿QUÉ ESTÁN HACIENDO AHORA?

- Hay unas seis o siete portadas de discos en marcha, que pueden ser, pues, **Marcela Morelo** para Argentina, **Miguel Bosé** para aquí, en España, **Guillermo Crispín**, **Atlántida**... Acabamos de diseñar la colección, por ejemplo, de todos los discos de flamenco para **Universal**, que son cincuenta discos, entonces eso,

➡ ***Marcela Morelo** es una cantante pop argentina.*
➡ ***Miguel Bosé** es hijo de la actriz Lucía Bosé y del torero Luis Miguel Dominguín. Ha desarrollado múltiples actividades profesionales dentro del mundo del espectáculo: es cantante, actor, y presentador de TV.*
➡ ***Guillermo Crispín** es un cantautor español.*
➡ ***Atlántida** es un grupo de música oriental.*
➡ ***Universal** es una productora discográfica y cinematográfica.*

por ejemplo, en la parte discográfica... Luego, en la parte de libros, pues, estamos con unas quince portadas para la serie roja de **Santillana**, que es una colección que hemos diseñado entera nosotros aquí y luego un libro de la serie de clásicos para **Alianza**, que es otra colección que hemos diseñado aquí.

- Rafa, mira, me dice **Roberto** que tenéis comida hoy de **Libros Raros**, entonces me pide que haga una reserva para cuatro personas (...) En "El Cacique" a las dos, **venga**, perfecto, vale gracias, hasta luego. Aquí hay una lista de restaurantes muy considerables, porque **estos jefes** comen muy bien. A ver...

- Hola, buenos días, si mire, llamo para ver si tienen una mesa para cuatro personas (...) Sí para hoy. Sí, **dos, dos y cuarto** de la tarde a nombre del **Sr. Roberto Huertas**. Bien, muchas gracias. Adiós, buenos días.

- Bueno, ahora mismo estoy preparando un trabajo para un canal de TV por satélite. Hay un suplemento en la programación que es para niños pequeños, la programación de canales como, bueno, dibujos animados, manga y todos estos canales de chicos desde 8 hasta 17 años. Entonces la revista se llama "Vía Nintendo" y bueno, está promocionada por una marca de videojuegos. Y, sobre todo, **la historia es que** hagamos un trabajo que sea muy **popi**, muy sencillo, muy agradable, muy impactante para niños y bueno, es un lenguaje muy directo.

- Estamos preparando la portada de un libro que es ***La historia interminable***, que es bastante conocido. Entonces, es una nueva edición que se va a hacer de este libro.

➡ ***Santillana*** *es uno de los más importantes grupos editoriales españoles. Forma parte del Grupo Prisa, al que también pertenece El País, el periódico español de mayor difusión.*

➡ ***Alianza*** *es también una de las editoriales más importantes, especialmente en el ámbito de la narrativa.*

➡ ***Libros Raros*** *es una de las facetas de Raro: la editorial.*

➡ *Obsérvese que Inés, la secretaria, tutea a su jefe y utiliza el nombre de pila para referirse al otro (**Roberto**), obviando toda forma de tratamiento. Sin embargo, sí lo usa (**Sr. Roberto Huerta**) cuando reserva mesa y habla con un desconocido. Esto es totalmente habitual en muchas empresas españolas (especialmente entre profesionales jóvenes y de mediana edad, sea cual sea su rango) aunque pueden encontrarse también empresas con un tratamiento mucho más jerarquizado.*

➡ ***Venga*** *es una expresión que, en los últimos años, se ha impuesto como fórmula frecuentísima antes de la despedida, para señalar que se da por terminada una conversación.*

➡ *Nótese en el uso de **estos jefes** el tono cariñosamente irónico que usa Inés.*

➡ *En el mundo de los negocios en España son muy importantes las comidas de trabajo. Es una costumbre que puede prestarse a ciertos choques culturales: no suele tratarse de una pequeña pausa al mediodía sino de una comida importante, a poder ser en un buen restaurante, que puede prolongarse varias horas. La calidad de la invitación dará mayor o menor prestigio al encuentro. El ritual español más habitual exige que se aplacen las conversaciones profesionales hasta después de la comida: los temas de la reunión suelen volver a plantearse durante el café; incluso, ciertos españoles podrían interpretar como de mal gusto seguir hablando de trabajo durante la comida.*

➡ ***Dos, dos y cuarto****: es muy corriente acordar una cita con cierta imprecisión, formulando la hora como en este caso.*

➡ ***La historia es que*** *equivale, en lenguaje coloquial, a "el objetivo es que".*

➡ ***Popi*** *es un adjetivo proveniente del inglés que sirve para describir algo cercano a la estética pop: muchos colores, visualmente atractivo...*

➡ ***La historia interminable:*** *famosa novela de Michael Ende.*

¿LES GUSTA SU TRABAJO?

- Sí, la verdad es que me gusta mucho, y es como..., no sé, por el ambiente del sitio, que lo habéis visto, es un poco como una guardería de colores. Es divertido porque es un trabajo muy variado, nunca se repite lo mismo dos veces, nunca hacemos lo mismo dos días seguidos. Cada proyecto realmente tiene muy poco que ver uno con otro, ¿no?

- Bueno, todo lo que sabes, dominas, controlas, siempre te gusta, porque te encuentras seguro en ello.

- Llevo un año trabajando aquí y estoy muy contento porque me dejan poner la música que me gusta y tengo unos compañeros muy interesantes y muy agradables.

- Mi trabajo es muy entretenido, es muy diverso, hago bastantes cosas distintas y, la verdad, es que aquí se pasan las horas volando.

- A mí, la verdad, es que me gusta mucho, sobre todo, es un trabajo... aquí hacemos... tenemos clientes muy variados, entonces hacemos cosas muy diferentes y eso está muy bien, porque trabajamos para editoriales, para compañías de discos, para prensa; entonces, la variedad es que se agradece mucho. Cada día **tocamos** proyectos muy diferentes y eso es muy divertido. Tratamos mucho con el cliente, también, entonces, conoces a mucha gente, trabajamos con gente joven, gente maja, entonces, la verdad, es que sí que me gusta.

➡ ***Tocamos*** *equivale a "estamos en contacto con".*

- Me gusta el trabajo, bueno, de todas formas lo compatibilizo con los estudios, o sea, que estoy a media jornada.

- El trabajo es bastante divertido porque es muy variado, bueno dentro de lo que hay, siempre es lo mismo, pero cada spot es un mundo. Es una idea nueva y es muy movido... **Todo tiene que ser para ayer**, hay que hacer todo muy rápido y, por otro lado, tienes que facilitar mucho el... un punto de que hay que ser muy organizado, porque tienes que estar controlando muchos factores, mucha gente y muchas cosas que tienen que estar en un lugar en un momento determinado. Y no puede fallar nada porque cada minuto que pasa es dinero. Sí, me divierte, no hay tiempo para aburrirse, básicamente, a mí lo que me gusta es... no me gusta estar... tengo que trabajar, no me gusta estar sin hacer nada. Ya que tengo que estar, me gusta estar activa.

➡ ***Todo tiene que ser para ayer*** *es una expresión que significa que las cosas siempre se hacen con prisas porque urgen.*

- El trabajo es... requiere muchísima agilidad. ¿Lo malo? Lo malo es que, bueno, tenemos jornadas..., son largas **jornadas laborales**, pero bueno, compensa, pues el equipo con el que estamos aquí trabajando... ¡Claro! Y, bueno, el buen ambiente que tenemos aquí.

➡ *En España, en muchos sectores profesionales, los cargos de cierta responsabilidad tienen larguísimas* ***jornadas laborales****, que se pueden prolongar hasta doce horas o más. La larga pausa del mediodía alarga aún más el horario de trabajo. A título de ejemplo: los peores atascos de la vuelta a casa, en Madrid, pueden ser en torno a las 21h.*

- Bueno, es un trabajo muy variado, muy interesante y me gusta.

- Sobre todo, hay un **buen ambiente** entre todos.

➡ *El* ***buen ambiente*** *se sitúa en una posición muy alta en la escala de valores de los españoles a la hora de evaluar un puesto de trabajo o una empresa, como se observa en varios comentarios de los entrevistados. Además, es muy corriente que entre compañeros de trabajo existan relaciones personales de amistad fuera de la empresa. Ir a tomar algo juntos después del trabajo, por ejemplo, es algo bastante habitual.*

¿ES UNA EMPRESA RARA?

- Como su propio nombre indica, por supuesto.

- El nombre de la empresa, de Raro, viene porque, bueno, realmente porque hacemos, como ya os he dicho antes, cosas extrañas.

- Es peculiar, es peculiar..., más que nada peculiar.

- Peculiar.